JN040478

# できる

# UiPath
# StudioX
（ユーアイパス スタジオエックス）

## はじめての業務 RPA
（ロボティック・プロセス・オートメーション）

清水理史 & できるシリーズ編集部

UiPath株式会社 監修

インプレス

## ご購入・ご利用の前に必ずお読みください

本書は、UiPath StudioX v2020.10.0 を使用して、UiPath のサービスとアプリの操作について解説しています。下段に記載の「本書の前提」と異なる環境の場合、または本書発行後に各サービスとアプリの機能や操作方法、画面が変更された場合、本書の掲載内容通りに操作できない可能性があります。本書発行後の情報については、弊社のホームページ（https://book.impress.co.jp/）などで可能な限りお知らせいたしますが、すべての情報の即時掲載ならびに、確実な解決をお約束することはできかねます。本書の運用により生じる、直接的、または間接的な損害について、著者ならびに弊社では一切の責任を負いかねます。あらかじめご理解、ご了承ください。

本書で紹介している内容のご質問につきましては、巻末をご参照の上、お問い合わせフォームかメールにてお問い合わせください。電話やFAXなどでのご質問には対応しておりません。また、本書の発行後に発生した利用手順やサービスの変更に関しては、お答えしかねる場合があることをご了承ください。

# まえがき

　RPAという言葉を耳にするようになってからだいぶ期間が経過しました。一時期のようなブームは落ち着いたようにも思えますが、リモートワークの普及やデジタルトランスフォーメーションの推進など、社会的な状況変化は以前に増して急速に進みつつあり、企業にとって業務の自動化はますます重要なものとなりつつあります。

　こうした状況の中、RPAはAIの活用などさらなる技術的な向上を目指して進化する一方で、「現場」でいかに活用してもらうかというすそ野の拡大を目指すフェーズへと変化しつつあります。

　本書は、RPA業界のリーダーであるUiPathが、こうした状況下を見越していち早く市場に投入した「StudioX」にスポットライトを当てた書籍です。

　簡単なユーザーインターフェースと分かりやすい命令によって、プログラミングの知識がなくても、すぐに自動化に取り組めるStudioXは、「現場」の業務効率のみならず、仕事の仕方そのものを大きく変える可能性を秘めた画期的な製品です。

　インストールから起動方法などの基本はもちろん、どのように自動化をすればいいのかを大きな画面を使って、分かりやすく解説しています。StudioX向けに提供されているテンプレートを使って今すぐ自動化を試せるだけでなく、その中身を1つずつ丁寧に紹介しているので、その意味を理解したり、実務に応用するため手軽に改変できます。

　本書を手に取ることで、現場の仕事が効率化されたり、業務の負担が少しでも減ったりすれば幸いです。

2021年1月
清水理史

# できるシリーズの読み方

## レッスン

見開き完結を基本に、やりたいことを簡潔に解説

### やりたいことが見つけやすいレッスンタイトル

各レッスンには、「○○をするには」や「○○って何？」など、"やりたいこと"や"知りたいこと"がすぐに見つけられるタイトルが付いています。

### 機能名で引けるサブタイトル

「あの機能を使うにはどうするんだっけ？」そんなときに便利。機能名やサービス名などで調べやすくなっています。

## キーワード

そのレッスンで覚えておきたい用語の一覧です。巻末の用語集の該当ページも掲載しているので、意味もすぐに調べられます。

左ページのつめでは、章タイトルでページを探せます。

## テクニック

「テクニック」では、ワンランク上の使いこなしワザを解説しています。

レッスン
## 12 アクティビティを使うには

アクティビティ／アクションの配置と削除

それでは、実際にStudioXを操作しながら、作業を進めていきましょう。まずは、アクティビティを選んで［デザイナー］パネルに配置します。

### アクティビティを配置する

**①** ［デザイナー］パネルにドラッグ＆ドロップする

レッスン❾で作成した「テスト」プロジェクトを使用する

**1** ［Excelファイルを使用］をクリック

**2** ［デザイナー］パネルの⊕までドラッグ＆ドロップ

**キーワード**

| | |
|---|---|
| アクティビティ | p.183 |
| ［アクティビティ］パネル | p.183 |
| ［デザイナー］パネル | p.184 |

**HINT! 縦に並べる**

アクティビティは、条件分岐など一部の例外を除いて、基本的には縦方向に配置します。また、繰り返し処理などを除き、上から順番に実行されます。どのリソースがいつ実行されるのかも意識して配置しましょう。

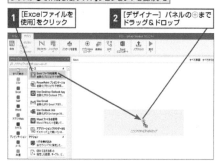

第3章 UiPath StudioXの基本を学ぼう

### テクニック Gmailも利用できる

StudioXでは、Outlookだけでなく、Gmailを使ったメールの処理も実行できます。ただし、Gmailを利用する場合は、StudioXからGmailに対してアクセスする許可が必要です。Google Developer ConsoleでGmail APIの設定を表示した後、Gmailでの接続に必要なOAuth 2.0の情報（クライアントIDとクライアントシークレット）を取得します。

利用するには、Google Developer ConsoleでGmail APIを設定する

Gmailを操作できるようになる

## 手 順

必要な手順を、すべての画面と
すべての操作を掲載して解説

### 手順見出し
「○○を表示する」など、1つの手順ごとに内容の見出しを付けています。番号順に読み進めてください。

### 操作説明
「○○をクリック」など、それぞれの手順での実際の操作です。番号順に操作してください。

**② アクティビティを削除する**

[Wordファイルを使用] アクティビティが配置された | **1** [Wordファイルを使用] を右クリック

**2** [削除] をクリック

[Wordファイルを使用] アクティビティが削除された

### 解説
操作の前提や意味、操作結果に関して解説しています。

---

■ アクティビティを削除する

**① 新しいアクティビティを配置する**

**1** [Wordファイルを使用] をクリック | **2** [Excelファイルを使用]の下の⊕までドラッグ＆ドロップ

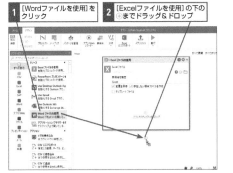

**② アクティビティを削除する**

[Wordファイルを使用] アクティビティが配置された | **1** [Wordファイルを使用] を右クリック

**2** [削除] をクリック

[Wordファイルを使用] アクティビティが削除された

---

**HINT!** いろいろなアクティビティがある

[アクティビティ] パネルには、[Excel]や [ファイル][メール] など、カテゴリーごとにいろいろなアクティビティが用意されています。まずは、どのようなアクティビティがあるのかを確認しましょう。

**HINT!** アクティビティを削除するには

アクティビティを削除する方法は2通りあります。1つは手順でも紹介したように右クリックして [削除] を選択する方法。もう1つはアクティビティを選択した状態で Delete キーを押す方法です。いずれか使いやすい方法で削除するといいでしょう。

**Point** 配置の基本を覚えよう

アクティビティはドラッグ＆ドロップで簡単に配置できます。ポイントは、必ず⊕にドラッグ＆ドロップすることです。それ以外の場所にドロップしても配置されないので注意しましょう。不要なアクティビティがあるときは、右クリックして [削除] を選んでから削除します。まずは、こうした基本操作を身に付けておきましょう。

---

## HINT!

レッスンに関連したさまざまな機能や、一歩進んだ使いこなしのテクニックなどを解説しています。

**12**

アクティビティ／アクションの配置と削除

右ページのつめでは、知りたい機能でページを探せます。

## Point

各レッスンの末尾で、レッスン内容や操作の要点を丁寧に解説。レッスンで解説している内容をより深く理解することで、確実に使いこなせるようになります。

※ここに掲載している紙面はイメージです。実際のレッスンページとは異なります。

# 目　次

## 第1章　UiPath StudioXとは　　9

## 第2章　UiPath StudioX を始めよう　　21

## 第3章　UiPath StudioX の基本を学ぼう　　31

# 第1章

# UiPath StudioX とは

UiPathが提供する「StudioX」は、RPAを誰でも活用できるようにする画期的なツールです。まずは、「RPA」そのものの概要やメリットを紹介し、そのうえで、StudioXの何が画期的で、どう使うと便利なのかを紹介します。

# RPAって何？

**Robotic Process Automation**

最近耳にする機会が増えてきた「RPA」とは何なのでしょうか？　何ができるのか？　どんなメリットがあるのかを見てみましょう。

## 面倒な作業に時間を取られていませんか？

毎日繰り返される事務処理に悩まされていませんか？　もちろん、伝票処理やデータ集計なども重要な仕事ですが、単純作業に貴重な時間を取られ、本来の業務や新しい価値を生み出す仕事に十分な時間を使えなくなることは、働いている個人にとっても会社にとっても不幸です。こうした状況を「RPA」で見直しましょう。

**キーワード**

| | |
|---|---|
| RPA | p.182 |

### RPAとは

RPAとは、「Robotic Process Automation」の略で、ロボットによる仕事の自動化を指し、「デジタルレイバー」などと呼ばれることもあります。従来のITシステムも仕事を自動化できますが、RPAでは、ITに関する高度な知識を持たない人でも、日々、パソコンでの作業を手軽に自動化できます。

### 人材不足の解消に

RPAは人材不足の解消にも役立ちます。もちろん、ロボットが人間の代わりにすべての仕事を請け負えるわけではありません。人間とロボットで仕事を分担することで、現在の仕事をより少ない人員で対応できます。会社全体の人員配置を見直し、人材不足を解消できるでしょう。

### テレワークも快適に

RPAは、テレワークの導入にも役立ちます。伝票処理などをRPAで自動的に処理できるようにしておけば、単純な作業のためにわざわざ会社に出社する必要がなくなり、在宅勤務などでより生産的な仕事に集中できます。

## ロボットを使って人間の作業を自動化しよう

「RPA」は、今まで人間がしていた仕事の一部を、コンピューター上で動作するロボットで自動化する仕組みです。経費精算や受注管理、請求書作成、アンケート集計、情報収集など、普段、Excelや業務アプリケーションを使ってしている作業をロボットに覚えさせて、人間の代わりにデータ入力や集計、情報取得といった作業を自動的に実行できます。

### 働き方改革にも役立つ

RPAの導入によって現在の仕事を効率化しようという取り組みは、「働き方改革」にも大きく貢献します。やみくもに「時短」を叫ぶだけでなく、仕事の内容を見直し、それを効率化する仕組みを導入することで、本来やらなければならない仕事に集中できます。これにより、多様な場所、時間、スタイルでの働き方を実現できます。

## 作業効率がこんなに違う

ロボットは、アプリの起動やデータの取得、入力といった作業を極めて短時間で実行できます。例えば、Excelを起動して、表のデータを確認し、その値を業務アプリケーションに入力。入力結果を元の表に反映して更新するといった作業に、人間が数分〜数十分の時間をかけていたとしても、ロボットならほんの数秒〜数十秒で処理を完了できます。

表のデータを確認　業務アプリに入力　情報を更新

## Point

### RPAで仕事が変わる、会社も変わる

RPAは、業務の効率化やコスト削減に大きく貢献しますが、旧来の「仕事」の概念を変えられるのも大きなメリットです。単純作業をロボットに任せ、人間が本当に時間を費やすべき、クリエイティブな作業に時間を使えます。これにより、新たな事業を創出できれば、会社そのものも大きく変わることになります。働き方だけでなく、企業そのものの改革のためにもRPAを活用してみましょう。

# UiPathって何？

## UiPathのRPA製品

RPAを導入するときに大切なのは、本当に使いやすい製品を選ぶことです。中でもUiPathは、高度な機能と使いやすさで日本でも定評のある製品です。

## UiPath って何？

UiPathは、今や世界中で高い評価を得ているRPA業界のトップベンダーです。2017年の日本法人設立後、国内でも急速に顧客を増やし、今やRPAの定番といわれる存在に成長しました。UiPathはRPAに必要なさまざまな製品をすべてそろえたプラットフォームです。「発見」「開発」「管理」「実行」「協働」「測定」というRPAのサイクルを網羅することで、単に自動化プロセスを作ってロボットに実行させるだけでなく、どの業務をロボットに任せるかを分析したり、ロボットと人間が一緒に作業する環境を整えたり、導入後にその効果を見える化できます。

### キーワード

| | |
|---|---|
| Orchestrator | p.182 |
| Studio | p.182 |
| StudioX | p.182 |
| UiPath | p.182 |

### HINT! セキュリティも万全

UiPathの製品は、専門家の調査によって安全であることが認定されています。クラウド型アプリケーション向けのセキュリティテスト「Veracode」の認証を受けているほか、国際規格のISO 27001の認証も受けています。また、金融機関など国内企業での多くの導入実績からも高い安全性が確保されていることが証明されています。

### HINT! 2年連続のリーダーに

UiPathは、米調査会社が公表しているRPA市場調査レポートの中で、2019年と2020年の2年連続でリーダーのポジションを獲得しました。UiPath製品がRPA市場での対応性、関連性、成長性、収益性、ビジョンの高さを証明されたことになります。

◆実行
あらかじめ作成された自動化プロセスによって、ロボットが処理を実行する

◆管理
ユーザーやロボット、ロボットへの命令を一元管理できる

◆協働
ロボットの処理を途中で人間が確認するなど協働作業が可能

◆開発
リソースの組み合わせで、画面操作やデータ処理の自動化プロセスを作成する

◆発見
普段の業務を分析して、自動化できる分野を調査する

◆測定
ロボットの動作状況をチェックしたり、効果を測定できる

## UiPathは何がいいの？

UiPathのRPA製品の特徴は、何といっても、その扱いやすさにあります。中でも、テンプレートを使って数ステップですぐに自動化を試せる「UiPath StudioX」は、画期的な製品として高い注目を集めています。もちろん、高度な処理をするための製品や、それをサポートするトレーニングも充実していますが、StudioXを使えば、開発経験や知識がまったくない初心者でも、ExcelやWord、Webブラウザーなどを使った日々の業務を従来のツールよりもずっと短時間の学習ですぐに自動化できます。

◆簡単
直感的で誰でも使え、IT部門でなくとも使用可能

◆速い
短期間の学習で使えるようになるうえ、日々の業務にもすぐに活用できる

◆安心
サポートが充実し、研修や無料トレーニングも受けられる

## ライセンスはどうなっているの？

UiPath製品を導入する際は、基本的に3つのライセンスが必要です。StudioやStudioXなどの開発ツールを使うためのライセンス、実際に処理を実行するロボットのライセンス、ロボットや処理を管理するためのOrchestratorのライセンスです。ライセンスの費用や導入方法などは環境によって異なるため、詳しく知りたいときは導入の相談をしてみましょう。

ロボットを管理するためのOrchestratorのライセンス

処理を実行するためのロボットのライセンス

StudioやStudioXなどの開発ツールを利用するためのライセンス

### Community Cloudは無料で利用できる

UiPathでは、個人ユーザーや小規模事業者向けに無料で使える「Community Cloud」を提供しています。RPAがどのようなものかを体験したり、導入前に検証したりするときに活用しましょう。本書でも、Community Cloudを利用した操作を紹介します。

2

UiPathのRPA製品

## Point

### RPAの入門に最適

RPAに少しでも興味を持ったら、UiPathを試してみることをおすすめします。RPAに必要なソリューションがまとめて提供されるのはもちろんですが、何より敷居が低く、すぐに始められるのがメリットです。普段、ExcelやWordしか使わないような初心者でも簡単に使えるうえ、個人や一定の条件を満たす小規模な法人なら無料でCommunity Cloudを利用できます。より高度な機能へのステップアップも簡単にできるので、まずは体験から始めるといいでしょう。

# UiPath StudioXって何？

## StudioXの概要

## すぐ使える！

UiPath StudioXは、ロボットに実行させたい自動化プロセスを作るためのツールです。といっても、難しい操作や高度な知識は一切必要ありません。リソースとして用意される自動化プロセスを画面に順番に並べ、どのアプリのどこを操作したいのかを画面上で直接指示するだけで利用できます。プログラミングの知識や、コードを記述した経験などは不要です。ExcelやWebブラウザーを操作したことがある人なら、誰でも使いこなせます。

キーワード

| Studio | p.182 |
|---|---|
| StudioX | p.182 |

### HINT! Studioも利用可能

StudioXで作成した自動化プロセスは、より高度なRPA開発ツールであるStudioでも開くことができます。このため、将来的にStudioを利用したいときもスムーズにステップアップできます。

### HINT! OfficeやWebブラウザーとの連携が簡単

StudioXの特徴は、ExcelやWord、Outlook、PowerPoint、Webブラウザーなど、普段使うアプリとの連携機能が豊富に用意されていることです。「Excelファイルを使用」など、どのアプリで何をするのかが分かりやすい自動化プロセスが用意されているので、初めてでも迷わず使えます。

## 分かりやすい！

StudioXでは、「変数」を意識する必要がありません。例えば、アプリから取得したデータを一時的に保管したい場合でも、格納する型などを意識して変数を用意する必要はありません。分かりやすい名前を付けて一時的に保管しておけるうえ、ほかのリソースから名前で簡単に参照できます。また、Excelのデータを参照したいときなども、シート名や表の見出しなどから値を簡単に指定できます。欲しいデータを直感的に選ぶだけで使えるので、複雑な仕組みに頭を悩ます必要はありません。

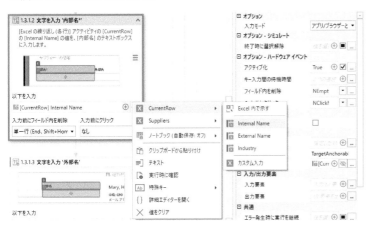

## 迷わない！

StudioXの基本を学びたい場合も安心です。「UiPathアカデミー」というトレーニングサービスを活用することで、StudioXの操作や自動化の基本をオンラインで短時間に学べます。また、実際の業務にすぐに応用できるテンプレートも用意されています。一から自分で処理を記述しなくても、環境に合わせてテンプレートを改変するだけで実務に応用できます。

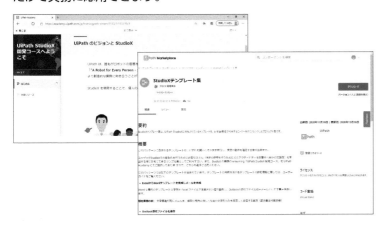

🙂 HINT! **初学者の声を反映**

従来のStudioもRPAツールの中では使いやすさに定評がありましたが、最低限のプログラミングの知識が必要とされる場合がありました。中でも「変数」は、プログラミングの経験がない人には理解するのに時間がかかるうえ、エラーの原因として悩まされることが多い存在でした。StudioXは、こうした初学者の声に応えて、難しいプログラミングの概念をなるべく排除したツールです。先達のつまずいたポイントが解消されているため、RPAはもちろんのこと、プログラミングの知識がまったくない人でも安心して利用できます。

## Point

### 現場で使える

RPAを導入したいが、現場で使いこなせるかが心配……。そう考えている人も多いでしょう。RPAによる自動化に適した処理の多くは、ExcelやWebアプリを使って日々事務作業をこなしている現場に存在します。こうした事務作業を実際にしている人がRPAを使いこなせるようになれば、無駄な業務を削減しやすく、より組織全体の生産性が向上します。StudioXは、こうした現場でこそ活用して欲しいツールです。難しい操作やプログラミングの知識がまったくなくても、「ここをこうしたい」という直感的な操作でロボットによる自動化を実現できます。本書のレッスンも、まったく分からない人を前提にしていますので、安心してStudioXの学習を進めましょう。

# UiPath StudioXで何ができるの？

## 利用シーン

StudioXを使った業務自動化の例を見てみましょう。請求処理作業など時間と手間がかかる身近な作業を自動化することで、生産性を向上できます。

## こんな作業を自動化できる

StudioXによって、どのような仕事を自動化できるのでしょうか？ここではStudioXの利用が適している作業を紹介します。

### ●決まった流れで進む作業

例えば、他部門や取引先から送られてきたExcelのファイルを元に、新しい文書を作成して、社内掲示板にアップロードするなど、決まったアプリを使って、決まった流れで、決まった情報を扱う作業はStudioXで自動化しやすい仕事といえます。

### キーワード

| | |
|---|---|
| CSV | p.181 |
| Excel | p.181 |
| StudioX | p.182 |

 **どんな業界のどんな業務に向いているの？**

StudioXは、金融、通信、小売り、製造、エネルギー、医療、運輸、教育機関など、あらゆる業界で活用されています。請求処理など経理部門での活用がイメージしやすいかもしれませんが、実際にはパソコン上で実行されるほとんどの処理を自動化できます。

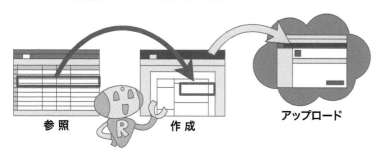

参照　　　　作成　　　　アップロード

### ●転記を繰り返す作業

アプリから別のアプリへと情報を転記する作業はStudioXの得意とするところです。例えば、Excelの情報を元に、業務アプリにデータを入力するといった仕事が該当します。こうした作業は、値を変えながら同じ作業が繰り返されますが、こうした繰り返し作業もStudioXの得意とする分野です。

 **どんなアプリやサービスを操作できるの？**

本書で紹介するStudioXでは、標準でWord、Excel、PowerPoint、OutlookといったOffice製品、業務アプリのSAP、Webブラウザーで表示するWebアプリ一般、Windows向けアプリ一般、CSVなどのファイルを操作できます。

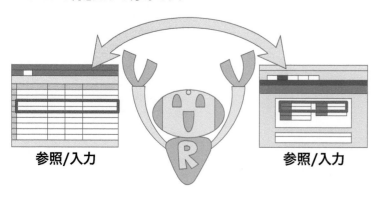

参照/入力　　　　　　　参照/入力

●同じ作業が別々のアプリで発生する重複作業

例えば、取引先から届いた発注書を元に、業務アプリに発注情報を入力しつつ、さらにWordで契約書を作成するなど、同じような作業を別々のアプリで実行する場合もStudioXの出番です。人間の場合、別々に必要な2つの作業をStudioXなら、ほぼ同時に処理することができます。

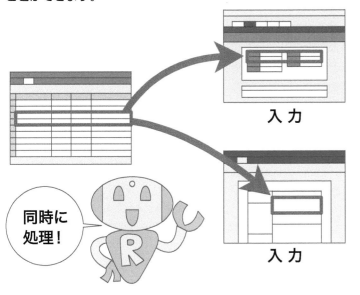

入力

同時に
処理！

入力

●データ集計や情報収集

株価や商品の実売価格などをインターネット上のサービスから収集したり、業務アプリの集計結果を取得したりすることもStudioXで自動化しやすい作業です。集めたデータを別のアプリに入力したり、メールに添付して送信したりするといったこともできるので、上司や他部門への報告にも活用できます。

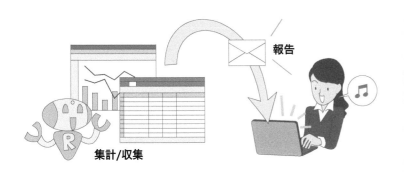

報告

集計/収集

**HINT!** システム開発と違って
時間や手間を抑えられる

作業の自動化はシステム開発によっても実現できますが、StudioXは従来のシステム開発と違って、低コストで始められ、自動化したい作業を担当している担当者自らが開発できます。予算が少ない場合でも導入を検討できるうえ、従来はシステム開発の対象にしにくかった担当者レベルの作業も自動化できるのが大きな魅力です。

**Point**

**StudioXを活用しよう**

StudioXは、幅広い業務に活用できるRPA製品です。定型業務や転記、繰り返し、データ集計など、ExcelやWord、Webブラウザーを使った日常業務の多くを自動化するのに適しています。しかも、これらの作業を担当している人が自分でロボットを開発できるのが特徴です。作業内容をよく知っている人が開発するので、実務に合った自動化を実現できます。誰でも業務を楽にできるので、ぜひ実務に活用してみましょう。

# 5

## UiPath Studioと何が違うの？

### StudioとStudioX

UiPathでは、ロボットを開発するためのツールとして、これまでに紹介した「StudioX」と「Studio」を利用できます。2つの違いを見てみましょう。

### 現場のためのツール「StudioX」

「Studio」は、主にRPA開発者が利用する多機能なツールです。自動化のための自動化プロセス（アクティビティ）がより多く使えるうえ、コードを使った複雑な処理などが可能です。一方、本書で紹介する「StudioX」は現場の担当者のためのツールです。ExcelやWebブラウザーなど、よく使うアプリを対象とした自動化プロセスを並べるだけで簡単に自動化の処理を作成できます。システム部門が主導する組織全体の自動化にはStudioを、現場レベルでの個別の自動化にはStudioXを利用するのが一般的です。

**キーワード**

| | |
|---|---|
| Studio | p.182 |
| StudioX | p.182 |

 **現場主導で展開できる**

せっかく組織全体でRPAを導入しても、「現場で使われない」「作りっぱなしで現場に合わせて修正されない」という状況になっては意味がありません。StudioXは、こうした問題を解決できるツールです。現場の担当者自らが、自分たちの環境に合わせて変更、改善できるため、現場での利用頻度を上げ、自動化への取り組みを現場主導で広げることができます。

 **現場でも安心して使える**

StudioXは操作がシンプルで、難しいプログラミングの知識なども必要としません。また、本書やUiPathが提供するトレーニングプログラムなどを活用すれば、短時間で使い方を身に付けられます。このため、普段の業務で主にExcelなどしか利用しない担当者でもStudioXを使った開発が可能です。

会社業務やシステム連携が必要な業務は専門の開発部隊で作成

会社・部門業務

**UiPath Studio**

RPA開発者

現場の業務部門

**UiPath StudioX**

個人作業

IT部門 SE業者

毎日繰り返すこの作業を楽にしたい！

個別業務や個人作業は現場で作成

これなら自分たちでもできる！

経理担当

総務担当

営業担当

StudioXとStudioの間では互換性が確保されています。StudioX
で開発した自動化プロセスは、Studioで読み込めます。現場で開発
した自動化プロセスの疑問点をIT部門に問い合わせたり、現場の
ニーズに合わせてIT部門が汎用的なテンプレートとして再編集した
りしてほかの部門に展開できます。

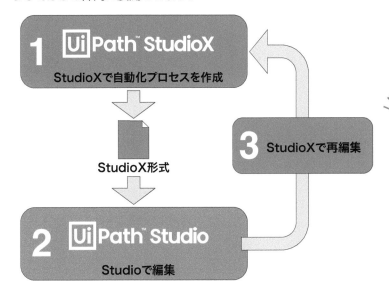

●現場→IT部門へ支援を求められる

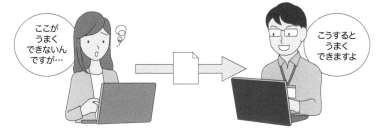

●IT部門→現場へ個別対応をお願いできる

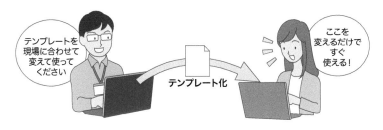

### HINT! Studioとの互換性を確保するには

StudioXとStudioの間で互換性を確保
するには、必ずStudioXで自動化プロ
セスを作成することが大切です。
Studioで作成した自動化プロセスは
StudioXで読み込めないので、どちら
でも編集できるようにしたいときは
StudioXで自動化プロセスを作成しま
しょう。

### HINT! テンプレートを活用しよう

StudioXでは、作成した自動化プロセ
スをテンプレートとして保存できま
す。簡単な変更や設定だけで、汎用的
な業務に応用できそうな自動化プロセ
スはテンプレートとして保存するとい
いでしょう。作成したテンプレートを
チーム内などで共有する機能も搭載さ
れているので、Excelのマクロのよう
に特定の環境や人のみに閉じたもので
はなく、広く活用できるのが特徴です。

### Point
### StudioXとStudioを使い分けよう

UiPathを全社で導入するときは、
StudioXとStudioの使い分けを検討す
る必要があります。このレッスンで紹
介したように、RPA導入を主導する
チームやIT部門などにStudioを展開
し、現場レベルでの開発をする担当者
にはStudioXを展開しましょう。「複数
のツールを使い分けることでサポート
などが複雑になるのでは」という心配
があるかもしれませんが、互換性が
しっかりと確保されているため、現場
の教育やサポートも楽になるでしょう。

# この章のまとめ

## UiPath StudioX で RPA を始めよう

「RPA」は、現場にいくつも存在する煩雑な業務を自動化する画期的なテクノロジーですが、残念ながら今までのRPA製品は、現場の業務部門での開発が浸透するのに時間がかかる場合がありました。こうした課題の1つの解としてUiPathが提案するのが「StudioX」です。プログラミングの知識がない人でも、簡単な操作で、ExcelやWord、PowerPointなどの操作を自動化し、請求書処理や経費精算などの業務を自動的に実行できます。働き方改革やDX（デジタルトランスフォーメーション）に役立つので、ぜひ活用してみましょう。

**StudioX で自動化処理を作成する**

プログラミングの知識がない現場の担当者でも、業務の自動化が可能

まかせて！

# 第2章

# UiPath StudioX を始めよう

StudioXを使うには、どのような準備をして、どこから入手すればいいのでしょうか？　この章では、StudioXの入手方法やインストール方法を解説します。

# UiPath StudioXに必要なものをそろえよう

## StudioX導入の準備

StudioXを導入するための準備をしましょう。本書では、現場の担当者が自分で操作しながらStudioXを導入する手順を説明します。

## パソコンを用意しよう

StudioXは、Windowsのパソコンで動作するプログラムです。次のような最小要件を満たすパソコンを用意する必要がありますが、現在、会社で導入されているパソコンであればほとんどの場合、条件をクリアしているはずです。実際に業務用のデータやアプリを操作しながら自動化プロセスを作成するので、Officeアプリや業務アプリなどがインストールされている環境に、StudioXをインストールしましょう。

最小要件
CPU：2コア 1.8GHz以上 32bit
メモリ：4GB
ディスプレイ：1024×768以下は不可
OS：Windows 10 など
ブラウザ：IE8.0以上、Chrome、Firefox、Edge
Office：Office 2019、Microsoft 365
　　　　または Office 365 など
その他：.NET Framework 4.6.1以上

Officeや業務アプリなど、ロボットに操作してもらいたいアプリやデータが入っている環境にインストールしましょう

### キーワード
| Community Cloud | p.181 |

 **まずはテスト環境への導入から**

企業内で導入する際には、本番環境にインストールする前にIT部門とも相談して、StudioXの導入を始めることをおすすめします。例えば、業務に使っているパソコンではなく、導入検証用にパソコンを用意して、使い方を学習したり、動作を確認したりするといいでしょう。

▼ハードウェアおよびソフトウェアの要件
https://docs.uipath.com/installation-and-upgrade/lang-ja/docs/studio-hardware-and-software-requirements

**全員がインストールする必要はない**

StudioXは、現場での開発担当者が使うパソコンにのみインストールします。現場にあるほかのパソコンには、担当者が開発した自動化プロセスを実行するロボットだけが必要となるので、必ずしも開発用ツールであるStudioXをすべてのパソコンにインストールする必要はありません。

▼ハードウェアおよびソフトウェアの要件
https://docs.uipath.com/installation-and-upgrade/lang-ja/docs/studio-hardware-and-software-requirements

## 試用版を活用しよう

UiPathでは、RPAの導入を検討している個人や組織向けに無料で使える製品や製品版の試用版ライセンスを用意しています。組織の規模や利用期間、ライセンス数によって複数のプランが用意されていますが、本書では「Community Cloud」を利用します。

## アカウントを取得しよう

StudioXを利用するには「UiPath Automation Cloud」への登録が必要です。UiPath Automation Cloudを利用すると、ツールのダウンロードやライセンスの管理、Orchestratorを使ったロボットの一元管理などができます。本書では、個人向けのCommunity Cloudに登録してStudioXをダウンロードする方法を紹介します。

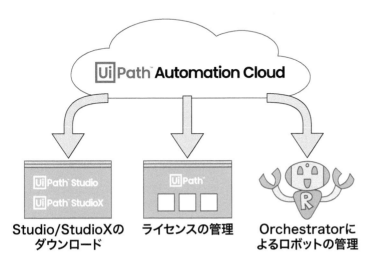

| Studio/StudioXの ダウンロード | ライセンスの管理 | Orchestratorに よるロボットの管理 |

**HINT!** 企業向けの試用版も利用できる

UiPath Automation Cloudで利用可能なStudioXやロボットの数は、ライセンスによって異なります。本書で紹介するCommunity Cloudで利用可能な各種ライセンスの利用数も上限が定められていますので、上限以上のライセンスを非本番利用する必要があるときは、組織の規模によらず、企業向け試用版の申し込みを検討しましょう。

**HINT!** IT部門で検証したいときは

企業のIT部門などでRPAの導入を検討している場合は、本書で紹介している個人向けの「Community Cloud」ではなく、法人向けの「Studio」の利用を検討しましょう。本書で紹介しているStudioXや開発者向けのStudioを利用したRPAの開発を気軽に試すことができます。

## Point

### すぐに始められる

UiPathは、使いたいと思ったときに、すぐに使い始められる製品です。基本的に必要なのは、開発、および実際にロボットを動作させるためのパソコンだけです。1台あれば、すぐに開発と動作のテストを始められます。ライセンスやロボットを管理するための機能はクラウドサービスで提供されるので、サーバーの準備などは必要ありません。組織の規模を問わず、すぐに使い始められるでしょう。

# アカウントを
# 取得するには

## UiPath Platform

UiPathの無料評価版を使えるようにしてみましょう。まずは、UiPathのWebページにアクセスして、自分のアカウントを登録します。

## ① UiPathのWebページにアクセスする

| Webブラウザーを起動しておく | **1** 右のWebページにアクセス | ▼UiPath<br>https://www.uipath.com/ |
|---|---|---|

| Cookieの説明が表示された場合は、[同意する]をクリックする | **2** [トライアルの開始]をクリック |
|---|---|

## ② 利用登録を開始する

| 登録画面が表示された | **1** [メールアドレスで登録]をクリック |
|---|---|

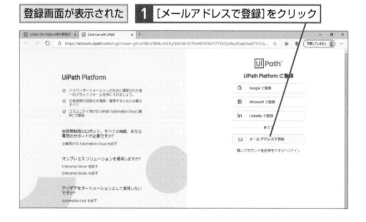

### キーワード

| Automation Cloud | p.181 |
|---|---|
| Community Cloud | p.181 |

**HINT!** Community Cloudを
利用する

本書で紹介している「Community Cloud」は、基本的に個人向けのライセンスですが法人でも利用できます。検証を目的とした非本番利用、もしくは本番環境の場合でも一定の要件（2020年10月現在は従業員が250人未満で売上高が500万ドル未満の組織）を満たした法人は無料で利用できます。なお、本番環境での法人利用の条件は変更される場合があります。手順3の［利用規約］のリンクから、最新の条件を確認できますので、事前に確認しておきましょう。

**HINT!** GoogleやMicrosoft
アカウントも利用できる

UiPath Platformへの登録には、Google、Microsoft、LinkedInのアカウントも利用できます。これらのアカウントを利用している場合は、手順2で利用しているサービスを選択して、認証画面にそのサービスのアカウントを入力しましょう。

## ③ ユーザー情報を入力する

**1** [組織名][名][姓][メールアドレス][パスワード]を入力

**2** 利用規約とプライバシーポリシーのチェックボックスをクリックしてチェックマークを付ける

**3** [登録]をクリック

## ④ メールアドレスを確認する

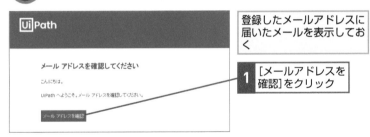

登録したメールアドレスに届いたメールを表示しておく

**1** [メールアドレスを確認]をクリック

## ⑤ Automation Cloudが表示された

登録が完了し、Automation Cloudが利用できるようになった

Webブラウザーを閉じずに次のレッスンに進む

---

HINT!

### 日本語表示にするには

手順5で、Automation Cloudの画面が英語で表示されたときは、次のように左上のユーザーアイコンから[日本語]を選択します。

**1** ユーザーアイコンをクリック

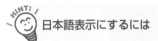

**2** [日本語]をクリック

HINT!

### GoogleやMicrosoftアカウントを選んだ場合は

手順2で、GoogleやMicrosoft、LinkedInのアカウントを選択した場合は、選択したアカウントでのサインインやアカウント連携の許可の手順が必要になります。なお、手順4で表示されるメールアドレスの確認が表示されない場合もあります。

## Point

### アカウントをきちんと管理しておこう

このレッスンで登録したアカウントは、StudioXをダウンロードするためだけのものではありません。Orchestratorを使ってロボットを一元管理したり、フォーラムにアクセスしたり、StudioXの使い方を学習したりと、いろいろな目的に利用します。UiPathのいろいろなサービスを活用するのに必要なので、登録したメールアドレスとパスワードを忘れないように管理しておきましょう。

# UiPath StudioXを
# インストールするには

インストール

パソコンにStudioXをインストールしましょう。前のレッスンでアクセスしたAutomation CloudからStudioXをダウンロードすることができます。

## ① ダウンロードの画面を表示する

レッスン❼から続けて操作する

**1** [ヘルプ]をクリック

## ② StudioXをダウンロードする

ここでは[Community Edition]の安定版をダウンロードする

**1** [Community Edition]の[安定版]タブをクリック

**2** [ダウンロード（安定版）]をクリック

### ▶キーワード

| Automation Cloud | p.181 |
|---|---|
| Community Edition | p.181 |
| Studio | p.182 |
| StudioX | p.182 |

### HINT! Automation Cloudって何？

手順1の「Automation Cloud」は、UiPath製品のさまざまな管理ができるクラウドサービスです。ライセンスを管理したり、Studio/StudioXをダウンロードしたり、Orchestratorでロボットを管理したりできます。ここでは前のレッスンの流れで表示しましたが、次のURLからアクセス可能です。

▼Automation Cloud
https://cloud.uipath.com

### HINT! 確実にダウンロードするには

StudioXは、手順2画面右側のリンクからもダウンロードできます。ただし、環境によっては、Enterprise版のインストーラーがダウンロードされることがあるので、手順1～2のように画面左下の［ヘルプ］からバージョンを指定してダウンロードするのが確実です。

## 3 インストールを開始する

インストールファイルがダウンロードされる

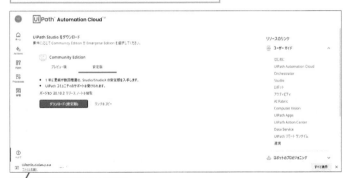

**1** [ファイルを開く]を
クリック

## 4 サインインする

[はじめに]の画面が表示された　　**1** [サインイン]をクリック

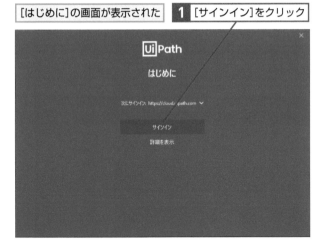

**最新機能を試したいときは**

前ページの手順2では［安定版］をダ
ウンロードしていますが、ベータとし
てテスト的に提供されている最新機能
を使いたいときは、［プレビュー版］か
ら最新版をダウンロードできます。

**オフライン環境でも
利用できる**

ここではインターネット経由でUiPath
StudioXのアクティベーションを実行
します。もしも、オフライン環境で利
用したい場合は、29ページのテクニッ
クを参考にセットアップしてください。

次のページに続く

# ⑤ Webブラウザーで認証する

Webブラウザーが自動的に起動し、サインイン
していたユーザーで認証される

**1** [開く]をクリック

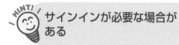 
ここでは、26ページの手順1ですでに
Automation Cloudにサインイン済み
なので、手順5では確認画面が表示さ
れるだけとなります。ただし、環境に
よっては、手順5でサインイン画面が
表示される場合があります。その場合
は、レッスン❼で登録したアカウント
を使ってサインインしてください。

# ⑥ プロファイルを選択する

[プロファイルを選択]の
画面が表示された

**1** [UiPath StudioX]を
クリック

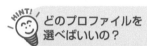 
インストーラーでは、高度な機能を備
えた[UiPath Studio Pro]、プログラ
ミング経験者向けの[UiPath
Studio]、そして初心者向けの[UiPath
StudioX]のいずれかを選択できます。
ここでは、[UiPath StudioX]を選択
しましたが、後からプロファイルを変
更することで、[UiPath Studio Pro]
や[UiPath Studio]に切り替えられ
ます。

## ✋ テクニック　オフライン環境で利用するには

インターネットに接続されていないパソコンにインストールしたいときは、インストール時に次のようにオフラインでの利用を選択します。この場合、Automation CloudにサインインしなくてもStudioXを利用できます。ただし、

サインインしなかった場合は、本書で紹介しているOrchestrator関連の機能は利用できません。通常はサインインして利用しましょう。

[はじめに]の画面を表示しておく

**1** [次にサインイン]をクリック

**2** [マシンキーを使用]を
クリック

**3** [ライセンスキーを使用]をクリック

**4** [Community Editionをオフラインで
使用する]をクリック

---

## ⑦ StudioXが起動した

StudioXが起動し、使えるようになった　| **1** [閉じる]をクリック

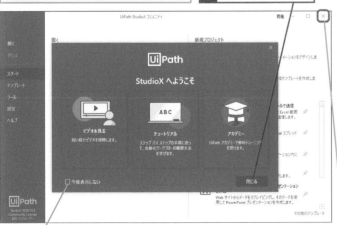

今後 [StudioXへようこそ] の画面を
表示したくない場合は、ここをクリ
ックしてチェックマークを付ける

画面右上の [閉じる] を
クリックしてStudioX
を終了しておく

### Point

**簡単にインストールできる**

UiPath StudioXは、インターネットに接続された環境さえあれば簡単にインストールできます。これからStudioXを使ってアプリの操作を自動化するための自動化プロセスを開発していきますので、実際の業務に使っているのと同じ環境にインストールしておきましょう。本書で紹介しているCommunity Cloudの場合、1つのアカウントで最大2台のパソコンにStudio/StudioXをインストールできます。

# この章のまとめ

## 無料で試せる

StudioXに限らず、UiPathのRPA製品の多くはWebページでの簡単な登録だけで無料で試すことができます。ここでは個人向けのCommunity Cloudの使い方を紹介しましたが、法人向けには、クラウド型のEnterprise Cloudのほか、オンプレミス型のEnterprise ServerやStudio単体の試用版もあります。

RPAの基本を知りたい場合や社内への導入を検証したい場合に活用しましょう。管理用ツールも従来から提供されているオンプレ型に加えて、クラウド型でも提供されるので、その環境では開発や処理の実行に使うパソコンとインターネット接続環境さえあれば、法人向けの環境もすぐに試用できます。

**Webページからすぐに入手可能**

UiPath の Web ページからアカウントを登録すれば、UiPath のさまざまなソリューションを利用できる

第2章 UiPath StudioX を始めよう

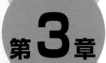

# 第3章

# UiPath StudioX の基本を学ぼう

StudioXを実際に使ってみましょう。初めて起動するときはとまどうかもしれませんが、この章で、全体の流れや基本的な操作を押さえておけば、すぐに業務に活用できるようになります。

●この章の内容

# UiPath StudioXを
# 起動するには

起動

インストールしたStudioXを起動してみましょう。起動後、最初に必要なのはプロジェクトの作成です。新しい空のプロジェクトを作成しましょう。

## ① StudioXを起動する

**1** [スタート]をクリック

**2** ここを下にドラッグしてスクロール

**3** [UiPath Studio]をクリック

## ② 新規プロジェクトを作成する

StudioXが起動した

空のプロジェクトを作成する

**1** [空のタスク]をクリック

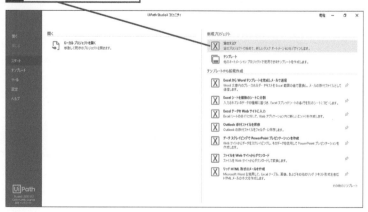

### HINT! 日本語に切り替えるには

StudioXの言語が英語になっているときは、以下の方法で言語を切り替えます。

StudioXのトップ画面を表示しておく

**1** [設定]をクリック　**2** [全般]をクリック

[言語]で[日本語]を設定する

### HINT! Studioをセットアップしてしまったときは

前のレッスンで、間違ってインストール時にStudioを選択したときは、次のように操作して[プロファイルを選択]の画面を表示します。その後[プロファイルを選択]の画面で、[UiPath StudioX]を選択しましょう。

[設定]の画面を表示しておく

**1** [ライセンスとプロファイル]をクリック

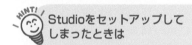

**2** [ライセンスを確認または変更]をクリック

[プロファイルを選択]の画面でStudioXを選択する

## ③ プロジェクトの情報を登録する

| [空のタスク]ダイアログ ボックスが表示された | ここでは「テスト」という名前の プロジェクトを作成する |
|---|---|

| **1** | [プロセス名]を 入力 | [場所]や[説明]は標準のままで 操作を進める |
|---|---|---|

**空のタスク** ✕

**空のタスク**
空のプロジェクトで始めて、新しいタスク オートメーションをデザインします。

プロセス名:
テスト

場所:
C:¥Users¥top-p¥Documents¥UiPath     …

説明:
空のプロジェクトで始めて、新しいタスク オートメーションをデザインします。

☐ 詳細オプションを表示

[作成] [キャンセル]

| **2** | [作成]をクリック |
|---|---|

## ④ 新規プロジェクトが作成された

StudioXのメイン画面が表示され、自動化 プロセスを編集できる状態になった

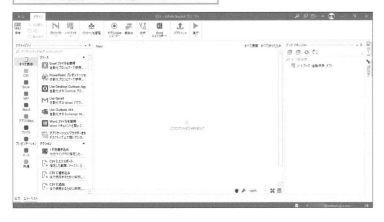

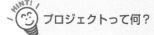

**9**

起動

---

**HINT!** プロジェクトって何?

「プロジェクト」は、StudioXで作成した自動化プロセスなどを保存するファイル群です。複数のファイルから構成されています。一方、手順3で名称を付けた「プロセス」は、ロボットに実行させるさまざまな命令を集めたもの（自動化プロセス）です。プロセスやそれに関連する複数のファイルを集めたものがプロジェクトになります。

**HINT!** どこに保存されるの?

プロジェクトの保存先は手順3の[場所]で指定できます。標準では[ドキュメント]の[UiPath]フォルダーの下に、プロセス名ごとのフォルダーで保存されます。

**HINT!** タスクバーやスタート画面に ピン留めしておこう

StudioXは、これから頻繁に起動することになるので、Windows 10のタスクバーやスタート画面にピン留めしておくと起動しやすくなります。

**Point**

### 分かりやすいプロセス名を 指定しよう

ExcelやWordなどのアプリは、起動して内容を作ってから後でファイルに保存できますが、StudioXでは起動直後、内容を作る前に、まず保存先を指定します。ここでは「テスト」というプロセス名を指定しましたが、実際には、これから作成する自動化プロセスの内容に合ったプロセス名を指定しましょう。分かりやすい名前を指定しておくと、後から再編集したり、実行したりするときに、どのような操作をするものなのかが判断しやすくなります。

# 10

## UiPath StudioXの画面を確認しよう

### 画面構成

StudioXを操作する前に、画面の各部分の役割を確認しましょう。中でも［アクティビティ］パネルと［デザイナー］パネルは操作の中心となる重要な部分です。

### StudioXの画面構成

StudioXの画面は、以下のような構成となっています。左側の［アクティビティ］パネルにアプリなどを操作するためのリソースやアクションがあり、それを中心の［デザイナー］パネルに配置して自動化プロセスを記述します。標準では非表示になっている［プロパティ］パネルや［出力］パネルなどの役割も確認しておきましょう。

> **キーワード**

| | |
|---|---|
| アクション | p.183 |
| ［エラーリスト］パネル | p.183 |
| ［出力］パネル | p.183 |
| データマネージャー | p.184 |
| ［デザイナー］パネル | p.184 |
| ［プロパティ］パネル | p.184 |
| リソース | p.184 |

第3章　UiPath StudioX の基本を学ぼう

◆リボン
プロジェクトを実行したり、画面操作を記録したりできる

◆［デザイナー］パネル
ここにアクティビティを並べる

◆［プロパティ］パネル
アクティビティの設定や値を編集できる

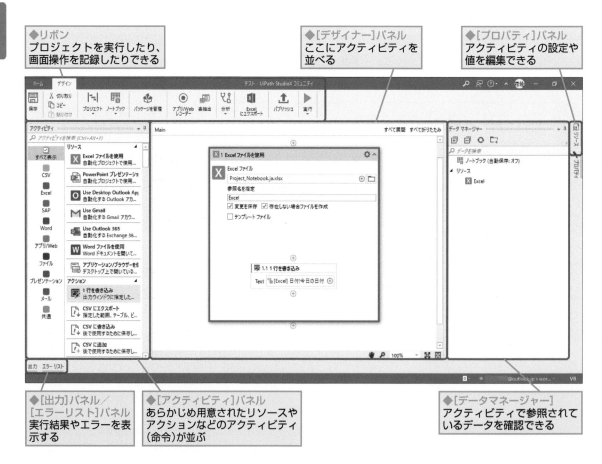

◆［出力］パネル／［エラーリスト］パネル
実行結果やエラーを表示する

◆［アクティビティ］パネル
あらかじめ用意されたリソースやアクションなどのアクティビティ（命令）が並ぶ

◆［データマネージャー］
アクティビティで参照されているデータを確認できる

## ［プロパティ］パネル

［アクティビティ］パネルにあるリソースやアクションの動作を設定するための画面です。［デザイナー］パネルで設定できる項目と同じものがほとんどですが、中には［プロパティ］パネルでのみ設定可能な項目もあります。

画面右側の［データマネージャー］では、利用されているリソースやリソースで参照されている情報を管理できます。［リソース］として［デザイナー］パネルに配置されているリソースが表示されたり、リソース内で指定されているExcelなどのファイルを開いたり、［保存された値］で一時的に保存されている値を管理したりできます。

## ［出力］パネル

プロジェクトの実行結果などが表示されるパネルです。アクティビティで指定した値もここに表示されます。

## ［エラーリスト］パネル

実行したプロジェクトでエラーが発生したときに役立つパネルです。エラー発生時に自動的に表示され、その詳細を確認できます。

［プロパティ］パネルや［出力］パネルは、ピン留めすると常に表示されるようになります。各パネルを表示した状態で、右上のピン（［自動的に隠す］）のアイコンをクリックすると固定されます。標準では自動的に隠れる設定になっており、もう一度クリックすることで戻せます。

ここをクリックすると
パネルが固定される

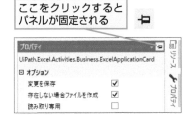

### Point

**名前を覚えておこう**

StudioXをこれから使っていくためには、画面の各部分の名称と役割を覚えておくとスムーズです。本書でも、今後、［アクティビティ］パネルや［出力］パネルなどの用語を頻繁に使いますので、名前だけでも確認し、どの部分を指しているのかが分かるようにしておきましょう。

StudioXを利用するための流れを確認しましょう。実際に画面を操作する必要はありませんので、全体の流れと各ステップで何をするかを確認しておきましょう。

## STEP1：アクティビティを選ぶ

左側の［アクティビティ］パネルから、［リソース］や［アクション］を選んで、［デザイナー］パネルにドラッグ＆ドロップします。

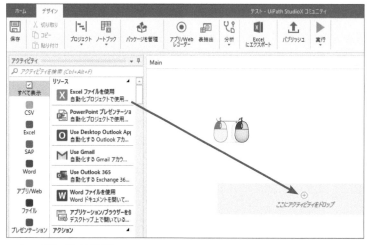

→レッスン⓬を参照

## STEP2：アクティビティを並べる

［デザイナー］パネルに配置したアクティビティを、処理させたい順番に並べます。

●先
［Excelファイルを使用］より先に処理されます

●中
［Excelファイルを使用］の中で処理されます

●後
［Excelファイルを使用］より後に処理されます

→レッスン⓭を参照

### HINT! アクティビティって何？

アクティビティは、アプリを操作するための命令です。StudioXでは、操作するアプリを指定する［リソース］と具体的な操作を指定する［アクション］の2種類で構成されています。

### HINT! ⊕にドラッグ＆ドロップしよう

アクティビティを配置するときは、［デザイナー］パネルの⊕にドラッグ＆ドロップします。⊕以外の場所にドロップしても配置されないので注意しましょう。

### HINT! 細かな設定はレッスン⓬以降で解説する

ここでは、作業の流れを確認するだけで構いません。どのアクティビティをドラッグするかやどのようなファイルを指定するか、どうやってアクティビティの設定をするかまでは、ここで意識する必要はありません。まったく同じ自動化プロセスの作り方をレッスン⓬以降で詳しく解説しますので、ここではどういう順番で何をするのかだけを確認しておきましょう。

## STEP3：アクティビティを設定する

［リソース］や［アクション］を設定します。主に操作対象となるデータを指定します。

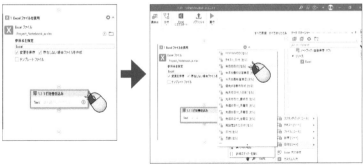

→レッスン⑭を参照

## STEP4：実行する

作成したプロジェクトを実行します。［リソース］や［アクション］の内容通りに画面が操作されます。

→レッスン⑰を参照

## STEP5：結果を確認する

［出力］パネルを表示して、実行結果を確認します。また、操作対象のファイルなどがある場合は、［出力］パネルで結果を確認します。

→レッスン⑱を参照

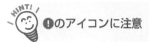

### ❗のアイコンに注意

アクティビティに❗のアイコンが表示されているときは要注意です。アクティビティの実行に必要な設定が不足していたり、設定が間違っていたりすることを示しています。❗のアイコンが1つでもあるとプロジェクトの実行が中断されるため、必ずすべての❗のアイコンをなくしてから実行しましょう。

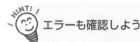

### エラーも確認しよう

実行時にエラーが発生した場合は、［エラーリスト］パネルに詳細が表示されます。［出力］パネルと一緒に、［エラーリスト］パネルも確認しておきましょう。

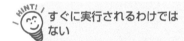

### すぐに実行されるわけではない

［実行］をクリックしてもすぐに実行されるわけではありません。また、実際に画面の操作などが行われるため、実行結果もすぐに表示されるわけではなく、すべての処理が完了した段階で表示されます。

### Point

### 開発＝アクティビティの配置と設定

「RPAの開発」と聞くと難しそうなイメージを持つかもしれませんが、このレッスンで紹介したように、StudioXではアクティビティの選択・配置・設定が主な作業内容となります。実行したいアプリに合わせてアクティビティを選び、操作したい順番に配置し、操作対象のデータやファイル、場所を指定していくという作業を繰り返します。初めてでも迷わずできるので、ぜひ挑戦してみましょう。

# 12

## アクティビティを使うには

### アクティビティ／アクションの配置と削除

それでは、実際にStudioXを操作しながら、作業を進めていきましょう。まずは、アクティビティを選んで［デザイナー］パネルに配置します。

---

## アクティビティを配置する

### ① ［デザイナー］パネルにドラッグ＆ドロップする

レッスン❾で作成した「テスト」プロジェクトを使用する

| 1 | ［Excelファイルを使用］をクリック |
|---|---|

| 2 | ［デザイナー］パネルの⊕までドラッグ＆ドロップ |
|---|---|

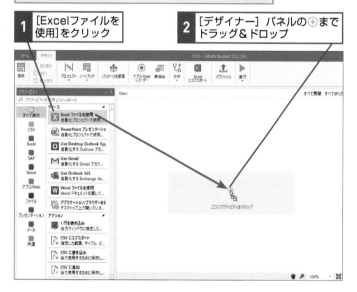

### ② アクティビティが配置された

［Excelファイルを使用］アクティビティが配置された

---

### キーワード

| | |
|---|---|
| アクティビティ | p.183 |
| ［アクティビティ］パネル | p.183 |
| ［デザイナー］パネル | p.184 |

**HINT!** 縦に並べる

アクティビティは、条件分岐など一部の例外を除いて、基本的には縦方向に配置します。また、繰り返し処理などを除き、上から順番に実行されます。どのリソースがいつ実行されるのかも意識して配置しましょう。

**HINT!** ［Excelファイルを使用］って何？

ここで配置している［Excelファイルを使用］は、パソコンに保存されているExcelファイルを開くためのアクティビティです。アクティビティの中に別のアクティビティを配置することで、開いたExcelファイルに対してさまざまな処理を実行できます。

**HINT!** ［Wordファイルを使用］って何？

指定したファイルをWordで開くためのアクティビティです。中に別のアクティビティを配置すると、開いたWordファイルに対しての操作ができます。

# アクティビティを削除する

## ① 新しいアクティビティを配置する

1 [Wordファイルを使用]をクリック

2 [Excelファイルを使用]の下の⊕までドラッグ＆ドロップ

## ② アクティビティを削除する

[Wordファイルを使用]アクティビティが配置された

1 [Wordファイルを使用]を右クリック

2 [削除]をクリック

[Wordファイルを使用]アクティビティが削除された

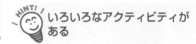
HINT! いろいろなアクティビティがある

[アクティビティ]パネルには、[Excel]や[ファイル][メール]など、カテゴリーごとにいろいろなアクティビティが用意されています。まずは、どのようなアクティビティがあるのかを確認しましょう。

HINT! アクティビティを削除するには

アクティビティを削除する方法は2通りあります。1つは手順でも紹介したように右クリックして[削除]を選択する方法。もう1つはアクティビティを選択した状態で Delete キーを押す方法です。いずれか使いやすい方法で削除するといいでしょう。

## Point

### 配置の基本を覚えよう

アクティビティはドラッグ＆ドロップで簡単に配置できます。ポイントは、必ず⊕にドラッグ＆ドロップすることです。それ以外の場所にドロップしても配置されないので注意しましょう。不要なアクティビティがあるときは、右クリックして[削除]を選んでから削除します。まずは、こうした基本操作を身に付けておきましょう。

# 13

## アクティビティを並べるには

アクティビティの並べ替え／確認

アクティビティの順番を変えたり、状態を確認したりしてみましょう。順番や状態は、実行時に大きな影響を与える重要なポイントとなります。

### ▶ キーワード

| | |
|---|---|
| Excel | p.181 |
| アクション | p.183 |
| アクティビティ | p.183 |

## アクティビティを並べ替える

### ① アクションを配置する

レッスン⑫から引き続き操作する

| 1 | [1行を書き込み]をクリック |
|---|---|

| 2 | [Excelファイルを使用]の下にドラッグ＆ドロップ |
|---|---|

### ② アクションをアクティビティの中に移動する

[1行を書き込み]アクティビティが配置された

| 1 | [1行を書き込み]を[Excelファイルを使用]の中にドラッグ＆ドロップ |
|---|---|

### HINT! 位置によって動作が変わる

アクティビティの位置はとても大切です。例えば、手順1のように［1行を書き込み］が［Excelファイルを使用］の下にあると、［1行を書き込み］でExcelのデータを参照できません。Excelのデータを参照したいのであれば、手順2のように［1行を書き込み］を［Excelファイルを使用］の中に配置する必要があります。

### HINT! ［1行を書き込み］って何？

［1行を書き込み］は、指定したデータを［出力］パネルに表示するためのアクティビティです。複数のアクティビティを配置した場合に、途中で値の状態を確認したり、どこまで進んだかを表示したりしたいときに利用します。

第3章　UiPath StudioXの基本を学ぼう

## アクティビティの状態を確認する

# 1 ❶の内容を確認する

❶のアイコンがあると実行できないので、必ず内容を確認して対応する

1 ❶にマウスポインターを合わせる

エラーの詳細内容がメッセージで表示された

「ブック パス」の値はレッスン⓮で設定する

# 2 続けて❶の内容を確認する

1 [Excelファイル] の❶にマウスポインターを合わせる

「このフィールドは必須です。」と表示された

上の❶のアイコンは、[Excelファイル] の❶のアイコンが原因で表示されていることが分かる

### 💡HINT! 中に配置できないアクティビティもある

すべてのアクティビティが [Excelファイルを使用] のように、アクティビティの中に別のアクティビティを配置できるわけではありません。主にファイルやデータを扱ったり、繰り返しや分岐処理をしたりするアクティビティが、内部に別のアクティビティを配置できます。

### 💡HINT! 操作対象の設定が必要なアクティビティもある

アクティビティを利用するとき、アクティビティによっては操作対象を指定する必要があります。例えば [Excelファイルを開く] なら、開くExcelファイルを指定しなければ正しく動作しません。

### 💡HINT! すべての❶のアイコンをなくそう

プロジェクトを実行する際は、必ず [デザイナー] パネルに❶が1つもない状態にしてください。❶が1つでもあると、実行してもエラーで停止してしまいます。

## Point

### 実行時を意識しよう

StudioXでの開発時は、実行時を意識することが大切です。実行したときに思い通りの動作になるようにアクティビティを並べたり、エラーで停止したりしないように状態を確認しておかないと、うまく動作させません。特に❶のアイコンは重要です。必ず1つもない状態にしておきましょう。

# 14

## アクティビティを設定するには

操作対象の指定

アクティビティの設定をしていきましょう。アクティビティごとに項目は異なりますが、操作対象となるファイルやデータ、場所などを設定します。

### 参照するExcelファイルを指定する

**1 必須のフィールドを設定する**

操作対象のファイルを指定して、❶のアイコンを消す

**1** [ファイルを参照]をクリック

**2 操作するファイルを選ぶ**

[Select File]ダイアログボックスが表示された

ここでは、プロジェクト作成時に自動生成された[Project_Notebook.ja.xlsx]を指定する

**1** [Project_Notebook.ja]をクリック

**2** [開く]をクリック

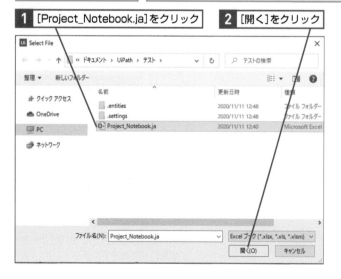

---

 **ファイルの参照先について**

手順2で参照されるフォルダーは、標準ではプロジェクトが保存されているフォルダー([ドキュメント]の[UiPath]のプロジェクト名のフォルダー)です。プロジェクトと同じフォルダーにあるファイルはパスを指定しなくて済むため、操作対象のファイルはこのフォルダーに保存すると便利です。

 **「Project_Notebook.ja.xlsx」って何？**

手順2で参照している「Project_Notebook.ja.xlsx」は、StudioXで新規プロジェクトの作成時に自動で生成されるExcelファイルです。詳細はレッスン㊳のテクニックで紹介しますが、日付やファイルの変換などに役立つ便利なファイルです。ここでは動作確認用のファイルとして指定しています。

 **テーブルやセルに名前を付けておくと便利**

実際の自動化処理でExcelファイルを扱うときは、元となるExcelファイルの操作対象のテーブルやセルに名前を付けておくと便利です。StudioXから名前を指定してテーブルやセルのデータを簡単に指定できます。

## 書き出す情報を指定する

### ① [1行を書き込み] を設定する

[Excelファイル]に「Project_Notebook.ja.xlsx」と表示された

**1** [1行を書き込み]の ⊕ をクリック

### ② [出力] パネルに書き出す情報を選ぶ

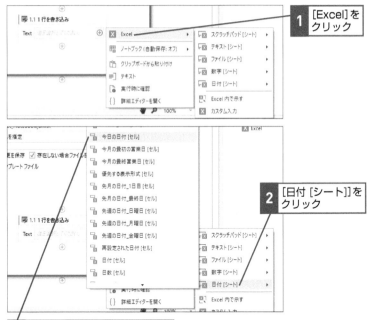

**1** [Excel]をクリック

**2** [日付 [シート]]をクリック

**3** [今日の日付 [セル]]をクリック

### ③ 設定が完了した

「[Excel]日付!今日の日付」と表示された

[Project_Notebook.ja] ファイルが開き、[出力]パネルにDateシートのTodayセルの値が書き出される

## 参照名に注目

ここで注目して欲しいのは、[Excelファイルを使用]の参照名（Excel）と、手順2〜3の[1行を書き込み]の[Excel]という部分です。StudioXでは、読み込んだ値に参照名を設定し、ほかのアクティビティからも値を参照できるようになっています。つまり、手順2では、「Excel」という名前で指定されたファイルの、DateシートのTodayセルの値を指定していることになります。

## 「Project_Notebook. ja.xlsx」は特別なファイル

ここでは参照するExcelファイルとして便宜的に「Project_Notebook.ja.xlsx」を指定しましたが、これは特別なファイルなので、実はわざわざ[Excelファイルを使用]で読み込む必要はありません。[Excelファイルを使用]を削除し、[1行を書き込み]だけを配置した場合でも、手順2において[ノートブック(自動保存: オフ)]をクリックすることで、[Project_Notebook.ja]のワークシートやセルを参照設定できます。

**14**

操作対象の指定

## Point

### 作業の中心はアクティビティの設定

StudioXでの作業の中心は、このレッスンで紹介したアクティビティの設定となります。アクティビティは、基本的に「どうする（例：Excelで開く）」という動作を指定するものなので、これに対して「何を（例：ファイル）」や「どこへ（例：指定したセル）」といったように、不足している情報を設定します。実際に自動化したい業務に当てはめながら考えると分かりやすいでしょう。

# 15

## プロジェクトを保存するには

保存

作成したプロジェクトを保存する方法を見てみましょう。プロジェクトは、新規で作成したときに指定したフォルダーに上書きで保存されます。

### 1 プロジェクトを保存して閉じる

作成したプロジェクトを保存する　| 1 [保存]をクリック

| 2 [閉じる]をクリック

StudioXが終了する

### 保存されたファイルを確認する

### 1 プロジェクトのフォルダーを表示する

エクスプローラーを起動する　| 1 [エクスプローラー]をクリック

2 [ドキュメント]をクリック　| 標準では[ドキュメント]の[UiPath]フォルダーにプロジェクト名ごとのフォルダーが保存される

3 [UiPath]をダブルクリック

---

▶キーワード

| Assistant | p.181 |
| Orchestrator | p.182 |
| パブリッシュ | p.184 |
| プロジェクト | p.184 |

**HINT!**

### プロジェクトの名前を変えるには

新規作成時に指定したプロジェクト名を変更したいときは、手順1の画面でリボンの[プロジェクト]から[プロジェクトの設定]を開き、[一般]の項目にある[名前]を設定し直します。

**HINT!**

### フォルダーごとにコピーやバックアップができる

保存したプロジェクトは、プロジェクト名と同じフォルダーに必要なファイルがまとめて保存されます。このため、フォルダー単位で圧縮してメールで送信したり、ほかのドライブに移動したり、バックアップします。

## ② 保存ファイルを表示する

| ここでは[テスト]フォルダーの 中身を表示する | 1 [テスト]をダブル クリック |

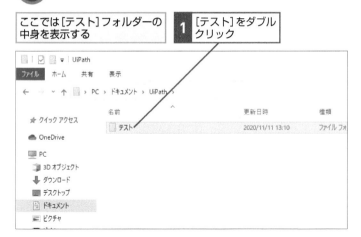

## ③ プロジェクトのファイルが表示された

| プロジェクトのファイルが 表示された |

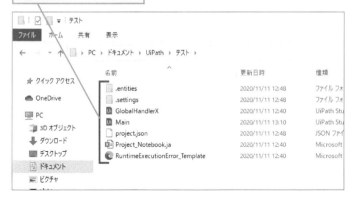

### ●プロジェクトごとのファイルの内容

| .settings | |
| Ui GlobalHandlerX | ① |
| Ui Main | ② |
| project.json | ③ |
| Project_Notebook.ja | ④ |
| RuntimeExecutionError_Template | ⑤ |

①共通のファイル

②配置したアクティビティが記録されている

③プロジェクトの構成情報

④プロジェクトで使える便利なExcelファイル

⑤エラー表示用のHTMLファイル

### HINT! 現在のプロジェクトの フォルダーを簡単に開くには

手順1の画面で以下のように操作すると、現在のプロジェクトのフォルダーを簡単に表示できます。

1 [プロジェクト]をクリック

2 [プロジェクト フォルダーを 開く]をクリック

| プロジェクトのフォルダーが 表示される |

### HINT! プロジェクトを パブリッシュした場合は

AssistantやOrchestratorにプロジェクトをパブリッシュして利用する場合は、バージョンの管理が重要です。プロジェクトの内容を編集した場合は、もう一度、パブリッシュを実行してAssistantやOrchestratorに編集後の新しいバージョンを送る必要があります。Orchestratorを利用する場合は、Orchestrator上でも実行するバージョンの切り替えが必要です。

## Point

### 保存操作が必要

最近では作成したデータがアプリによって自動保存されることが増えてきましたが、StudioXでは手動での保存操作が必要です。プロジェクトの内容を変更したときは、忘れずに[保存]をクリックしましょう。また、一度は保存先のフォルダーも確認しておきましょう。ファイルの保存先が理解できていれば、バックアップなどの対応もしやすくなります。

# 16

## 編集を再開するには

### プロジェクトを開く

保存したプロジェクトをもう一度開いて編集を再開してみましょう。最近開いたプロジェクトは、スタート画面の履歴から簡単に表示できます。

| ▶キーワード | |
| --- | --- |
| Main.xaml | p.182 |
| project.json | p.182 |
| プロジェクト | p.184 |

## 履歴から開く

### 1 開きたいプロジェクトを選択する

レッスン❾を参考にStudioXを起動しておく

[最近使用したプロジェクトを開く] に一覧が表示される

ここではプロジェクト名 [テスト]を開く

1 [テスト]をクリック

### 2 プロジェクトが表示された

プロジェクトのメイン画面が表示された

💡 HINT!
**プロジェクトの開き方は3種類ある**

プロジェクトを開くための方法は3通りあります。1つはStudioXの履歴からプロジェクトを指定して開く方法（手順 参照）、もう1つはStudioXから [project.json] ファイルを指定して開く方法（手順参照）、最後はフォルダーにある [main.xaml] ファイルをダブルクリックする方法（HINT!参照）です。いずれの方法でも、最終的にStudioXで開かれる画面は同じなので、どの方法で開いても構いません。

💡 HINT!
**フォルダーの移動や名前を変更した場合は**

フォルダーを移動したり、フォルダー名を変更したりした場合は、スタート画面の一覧からプロジェクトをクリックしても開くことができません。[ローカルプロジェクトを開く] をクリックしてフォルダーを指定しましょう。

# ファイルを指定して開く

## ① [開く] ダイアログボックスを表示する

| レッスン❾を参考にStudioXを起動しておく | **1** [ローカルプロジェクトを開く]をクリック |
| --- | --- |

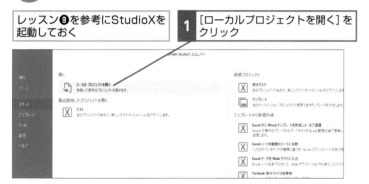

## ② project.jsonを指定する

| [開く] ダイアログボックスが表示された | ここではプロジェクト名[テスト]のファイルを開く |
| --- | --- |

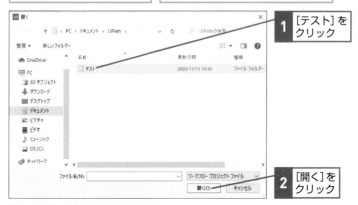

**1** [テスト]をクリック

**2** [開く]をクリック

**3** [project.json]をクリック

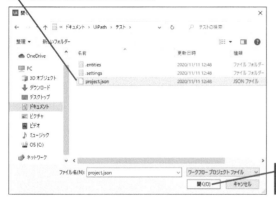

**4** [開く]をクリック

| プロジェクトのメイン画面が表示され、編集できるようになる | 続けて次のレッスンを操作する |
| --- | --- |

### フォルダーからファイルをダブルクリックして開ける

プロジェクトは、エクスプローラーでフォルダーを開き、[Main.xaml]をダブルクリックしても表示できます。手順2の[project.json]ではなく、StudioXに関連付けられている[*.xaml]ファイルを指定する必要があるので注意しましょう。

**1** [Main]をダブルクリック

## Point

### いつでも開発を再開できる

以前に作成したプロジェクトは、このレッスンの方法で簡単に表示できます。完成したプロジェクトをStudioXから実行したいときはもちろん、修正などのために再編集したいときでも迷わず作業を再開できるでしょう。ファイルを指定したり、フォルダーから開いたりすることもできるので、状況に合った方法で素早く編集作業を始められます。

# プロジェクトを実行するには

## StudioX/Assistantからの実行

作成したプロジェクトを実行してみましょう。ここではStudioXから直接実行する方法と、Assistantから実行する方法の2つを紹介します。

第3章 UiPath StudioX の基本を学ぼう

## StudioXから実行する

### 1 プロジェクトを開く

前ページで作成した[テスト]プロジェクトを実行する

**1** ❶のアイコンがないことを確認

### 2 プロジェクトを実行する

**1** [実行]をクリック

Excelファイルが自動で開き、しばらくして閉じた後、再びStudioXの画面が表示される

「前回の実行は成功しました。」と表示される

**HINT!** ❶のアイコンが表示されたまま実行するとどうなる？

アクティビティに❶のアイコンが表示されている場合は実行できません。詳しくは、レッスン⑲を参照してください。

**HINT!** 途中で反応しなくなったときは

作成したプロジェクトによっては、実行後に無反応になることもあります。このような場合は、タスクバーのアイコンからStudioXを起動し、リボンの[停止]をクリックします。待ち時間が発生したり、操作対象を見失ったりしている可能性があるので、内容を再チェックしましょう。

**HINT!** [▼]で機能を選べるボタンもある

手順2でクリックしている[実行]もその1つですが、リボンに配置されているボタンの中には下部に[▼]が表示されているものがあります。こうしたボタンは、[▼]をクリックすると、利用可能な機能がメニュー形式で表示されます。例えば、[実行]の場合、手順2の操作1のように上部をクリックすると既定の動作としてプロジェクトが実行されますが、下部の[▼]をクリックして[PiPで実行]を選ぶと途中で人の操作（入力や選択など）を介在させる必要がある処理を実行できます。

## Assistantから実行する

### ① プロジェクトをパブリッシュする

前ページを参考に、問題なく実行
できることを確認しておく

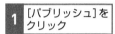
**1** [パブリッシュ]を
クリック

### ② 標準設定のままパブリッシュする

[プロセスをパブリッシュ] ダイアログ
ボックスが表示された

**1** [パッケージ名] が「テスト」に
なっていることを確認

ここでは標準設定のまま
パブリッシュする

**2** [パブリッシュ]をクリック

### ③ プロジェクトがパブリッシュされた

「プロジェクトは正常にパブリッシュされました。」と
表示された

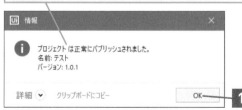

**1** [OK]をクリック

## Assistant って何？

Assistantは、タスクトレイに常駐し
ているUiPathのツールの1つです。パ
ブリッシュされた自動化プロセスを手
軽に実行できます。StudioXからの実
行とAssistantからの実行をどう使い
分ければいいのかは、51ページの
Pointで解説します。

## パブリッシュって何？

パブリッシュは、作成したプロジェク
トを実行可能なパッケージとして発行
することです。ここでは標準設定のま
まOrchestratorの [My Workspace]
にパブリッシュしています。[My Work
space] は、Orchestratorに標準で用
意されている自分専用のフォルダーと
なるため、パブリッシュした自動化プ
ロセスは、自分のアカウントでサイン
インしている環境でのみ実行できま
す。パブリッシュ先を変更することで、
特定のメンバーで自動化プロセスを共
有できます（レッスン㊸を参照）。

次のページに続く

## ④ StudioXを最小化する

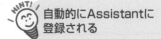

> プロジェクトは閉じずに、画面を最小化する

**1** [最小化]をクリック

**HINT!** 自動的にAssistantに登録される

パブリッシュしたパッケージは、自動的にAssistantに登録されます。なお、Assistantには、ユーザーが利用可能な（ローカルやOrchestratorなどの利用する権利がある）自動化プロセスが一覧表示され、ここから実行できます。

## ⑤ Assistantを起動する

タスクトレイのアイコンからAssistantを起動する

**1** ここをクリック　**2** [Assistant]をクリック

**HINT!** タスクとプロジェクトとパッケージとプロセスの関係

[タスク]はStudioXで作成した一連の処理を指します。この[タスク]を含む必要なファイル群が[プロジェクト]です。プロジェクトは発行するときに[パッケージ]として1つのファイルにまとめられ、AssistantやOrchestratorで実行可能な[プロセス]として登録されます。

## ⑥ ロボット名を設定する

| Assistantが起動した | 初回起動時はロボット名を設定する | ここでは「robot」というロボット名を設定する |
|---|---|---|

ここをクリックすると、ロボットのアイコンを変更できる

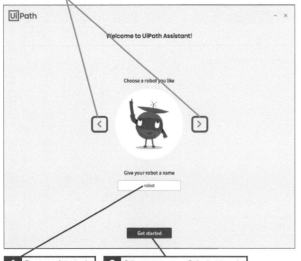

**1** 「robot」と入力　**2** [Get started]をクリック

**HINT!** オフライン環境ではローカルにパブリッシュされる

Orchestratorに接続されていないオフラインの環境では、プロジェクトがローカル（パソコンのドライブ上）にパブリッシュされます。ローカルにパブリッシュした場合も、この手順と同じ操作でAssistantから自動化プロセスを実行できます。

## ⑦ プロセスを確認する

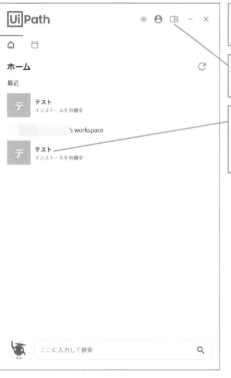

表示が英語の場合は、右のHINT!を参考に日本語表示に切り替える

ここをクリックして縦長の画面に変更する

[○○（ワークスペース名）'s workspace] に49ページの手順2〜3でパブリッシュしたプロジェクト名が表示される

### Assistantを日本語に切り替えるには

Assistantの表示が英語になっているときは、以下の手順で言語を切り替えます。

**1** ユーザーアイコンをクリック

**2** [Preferences]をクリック

[Language]で[日本語]を選択する

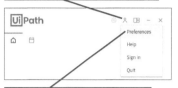

## ⑧ プロセスを実行する

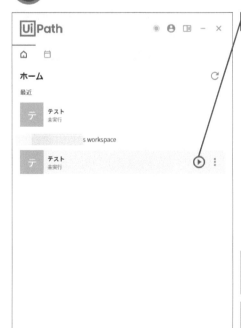

**1** [開始]をクリック

Excelファイルが自動で開き、しばらくすると閉じる

画面右上の [トレイに最小化] をクリックしてAssistantを終了する

### Point

#### 2つの方法を使い分けよう

ここではプロジェクトの実行方法を2通り紹介しました。StudioXから実行する方法は、編集時に動作を確認したいときなどに便利です。一方、Assistantから実行する方法は、わざわざStudioXを起動する必要がないので、完成後、実際の業務で実際に利用する際に便利です。用途によって実行方法を使い分けましょう。

# レッスン 18

## 実行結果を確認するには

［出力］パネル

実行後の状況を確認してみましょう。［出力］パネルを利用すると、プロジェクトがいつ実行され、どのような結果となったのかを確認できます。

## 1 ［出力］パネルを表示する

**1** [UiPath]のアイコンをクリック ／ StudioXの画面が表示された

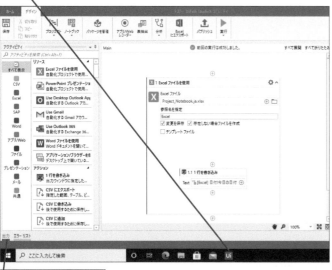

**2** [出力]をクリック

## 2 ［出力］パネルを確認する

［出力］パネルが表示された ／ レッスン⑰の48ページで実行した結果が表示される

### キーワード

| | |
|---|---|
| Assistant | p.181 |
| ［出力］パネル | p.183 |

**HINT! StudioXから実行しよう**

前のレッスンで紹介したAssistantからの実行結果は［出力］パネルには表示されません。StudioXから実行して結果を確認しましょう。

**HINT! ［1行を書き込み］を活用しよう**

［1行を書き込み］を利用すると、［出力］パネルに実行結果が表示されるだけでなく、処理中の値などを表示できます。エラーの原因をチェックしたり、処理の途中で値がどう変化するのかを確認したりしたいときに活用すると便利です。

**HINT! 実行結果は状況によって異なる**

ここでは、［1行を書き込み］を利用しているため、手順3で今日の日付が表示されています。自動化プロセスの中に［1行を書き込み］がない場合は、こうした実行途中の値は表示されません。

第3章 UiPath StudioX の基本を学ぼう

## ③ ログを確認する

| 1 | [タイムスタンプを表示します。] をクリック | タイムスタンプが表示された |
|---|---|---|

①自動化プロセスの実行を開始した日付と時刻が表示される

②[Excelファイルを使用]が実行された日時と開いたファイル名が表示される

③[1行を書き込み]の実行日時と指定したデータの内容が表示される

④自動化プロセスの実行が完了した日時と完了までにかかった時間が表示される

## ④ [出力] パネルをピン留めする

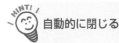

| 1 | ピンのアイコンをクリック |
|---|---|

[出力]パネルがピン留めされる

## 自動的に閉じる

[出力] パネルは、ほかの部分をクリックすると自動的に閉じます。常に表示しておくには、手順4を参考に[出力]パネルをピン留めしておきましょう。

## Point

### 開発時は必ず確認しよう

StudioXの[出力]パネルは、開発時には必須の機能です。テストとして実行したときの結果を確認したり、[1行を書き込み]などを使って思い通りに動作しているかを確認したりできます。作成したプロジェクトの動作状況をチェックするのに重宝するでしょう。

# エラーを確認するには

[エラーリスト] パネル

実行時にエラーが発生したときはどうすればいいのでしょうか? ここでは意図的にエラーを発生させ、その状況を確認してみます。

## ① プロジェクトを開く

ここでは、レッスン⑱に続けて操作を進める

**1** ❗のアイコンがないことを確認

### HINT! ❗のアイコンがなくても注意

自動化プロセスの設計によっては、アクティビティに❗のアイコンが表示されなくても、思い通りに実行されない場合があります。例えば、クリック先の対象が画面上に見つからなかったり、条件分岐や繰り返し処理が意図しない動作をしたりして、長い待ち時間が発生したり、タイムアウトが発生したりすることがあります。複雑な自動化プロセスを作成するときは、その動作を1つずつ丁寧に確認しましょう。

## ② [Excelファイルを参照] の値を削除する

意図的にエラーを発生させるため必須の値を削除する

**1** [Excelファイル]の⊕をクリック

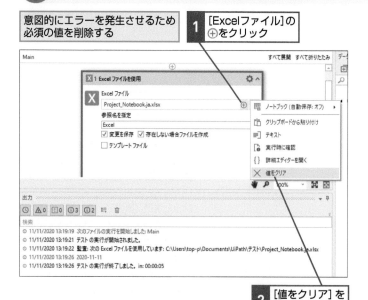

**2** [値をクリア] をクリック

### HINT! [実行時に確認] って何?

手順2で表示される [実行時に確認] の項目は、ロボットと人が連携して処理を実行するときに利用する機能です。この例であれば、実行時に画面上にウィンドウが表示され、表示するExcelファイルを人間が入力することで、処理を継続させます。決まったファイルや値を処理するのではなく、毎回、人間が値を指定したいときに利用します。

第3章 UiPath StudioX の基本を学ぼう

## ③ エラーがある状態で実行する

エラーがあることを示す❶の
アイコンが表示された

1 [実行]を
クリック

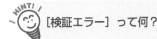

### ［検証エラー］って何？

今回の例では、アクティビティに❶の
アイコンが表示されているため、実際
に実行する前の検証段階でエラーが発
生しました。こうしたエラーは「検証
エラー」と表示されます。

19

［エラーリスト］パネル

## ④ エラーを確認する

画面下に［エラーリスト］パネルが
表示された

1 エラーの内容を
確認

2 ［エラーリスト］を
クリック

［エラーリスト］パネルが
閉じる

### Point

### エラーを確認しよう

ここでは単純な例で実行しています
が、実際の自動化プロセスは複雑にな
るため、エラーのチェックはとても大
切です。どのようなエラーが発生して
いるのかを確認するのはもちろんです
が、［エラーリスト］パネルの［説明］
にエラーを解消するための情報が記載
されることもあるので、よく確認しま
しょう。なお、ここで発生したエラー
は次のレッスンで解消します。そのま
ま手順を進めてください。

## パネルの表示を変えるには

パネル

StudioXでは、表示するパネルを切り替えられます。[出力] パネルや [プロパティ] パネルの表示／非表示を切り替えてみましょう。

### 1 [出力] パネルのピン留めを外す

ここでは、レッスン⑲から続けて操作を進める

[出力] パネルが表示されたままになっている

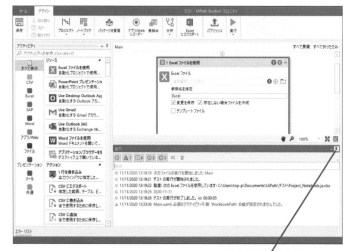

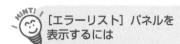

1 ここをクリック

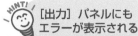

### 2 [出力] パネルが非表示になった

[出力]パネルが閉じた

キーワード

| [エラーリスト] パネル | p.183 |
| --- | --- |
| [出力] パネル | p.183 |
| [プロパティ] パネル | p.184 |

HINT!

**[エラーリスト] パネルを表示するには**

手順1で画面左下にある [エラーリスト] をクリックすると、[エラーリスト] パネルを表示できます。表示した状態で右上のピンのアイコンをクリックするとパネルを固定できます。もう1回アイコンをクリックすると固定を解除できます。

HINT!

**[出力] パネルにもエラーが表示される**

実行時に発生したエラーは、[エラーリスト] パネルだけでなく、[出力] パネルにも表示されます。ただし、[出力] パネルにはエラー以外の情報も表示されるため、情報量が多い場合はエラーを見つけにくくなります。エラーは[エラーリスト] パネルで確認しましょう。

第3章 UiPath StudioX の基本を学ぼう

## ［プロパティ］パネルを表示する

### ① ［プロパティ］パネルを表示する

アクティビティの設定や使う値を設定できる
［プロパティ］パネルを表示する

**1** ［Excelファイルを使用］を
クリック

**2** ［プロパティ］を
クリック

［プロパティ］パネルが表示された

### ② エラーを修正して確認する

レッスン⑭を参考にExcelファイルを
指定する

**1** ❶のアイコンが
ないことを確認

**2** 画面右端の［プロパティ］を
クリック

［プロパティ］パネルが
非表示になる

**HINT!** ［プロパティ］パネルでも
設定できる

［プロパティ］パネルには、アクティビ
ティで利用できるすべての設定項目が
表示されます。このため、手順1の設
定は［プロパティ］パネルでも実行で
きます。普段は、［デザイナー］パネ
ルに表示される設定項目だけで十分で
すが、［プロパティ］パネルでしか設
定できない項目もあるので、表示方法
を覚えておくといいでしょう。

**HINT!** ［プロパティ］パネルを
固定するには

手順1で［プロパティ］パネルの右上
にあるピンのアイコンをクリックする
と、［プロパティ］パネルの表示を固
定できます。高度な設定をよく使うと
きは固定しておくと便利です。

### Point

**画面の使い分けに慣れよう**

StudioXの操作に慣れないうちは、画
面上のどの部分がどの役割で、どうい
うときに使うかが分かりにくく感じる
かもしれません。このレッスンで紹介
したように、StudioXではさまざまな
パネルにさまざまな情報が表示される
ようになっているので、実際に動かし
ながら各パネルの役割を覚えていくと
いいでしょう。

# この章のまとめ

## 基本をしっかり覚えておこう

この章では、UiPath StudioXの画面構成や作業の流れ、アクティビティやプロジェクトの概要、そして基本的な操作を紹介しました。実際に普段の業務を自動化するには、複雑な処理が要求される場合もありますが、この章で紹介したことを覚えておけば、後は組み合わせを変えたり、処理内部の設定を変更したりするだけで、かなりの応用が可能です。次のレッスンから、実際の処理を想定したテンプレートの活用方法を紹介していくので、不安な場合は、もう一度、このレッスンを復習しておくといいでしょう。

### StudioX の基本操作を覚えよう

StudioX ではプロジェクトの新規作成からアクティビティの配置、プロジェクトの実行・保存までが直感的に操作できる

第 **4** 章

# テンプレートを
# 活用しよう

StudioXでは、テンプレートを活用して、業務の自動化を
手軽に実現できます。まずは、テンプレートの入手方法や
開き方、実行方法などの基本操作を覚えておきましょう。

# UiPathマーケットプレースに
# アクセスするには

UiPathマーケットプレース

StudioXでテンプレートを使うための準備をしましょう。まずは、テンプレートをダウンロードするためのUiPathマーケットプレースに登録します。

第4章 テンプレートを活用しよう

## ① UiPathマーケットプレースのWebページを表示する

Webブラウザーを起動しておく

**1** 右のWebページにアクセス

▼UiPathマーケットプレース
https://marketplace.uipath.com/

**2** [ログイン/登録]をクリック

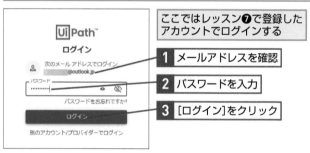

手順1または手順3で、Cookieの保存について[同意して続行]をクリックしておく

## ② UiPathマーケットプレースにログインする

ログイン方法の選択画面が表示されたときは、[メールアドレスで続行]をクリックしてメールアドレスとパスワードを入力する

ここではレッスン❼で登録したアカウントでログインする

**1** メールアドレスを確認

**2** パスワードを入力

**3** [ログイン]をクリック

## ③ 登録名とメールアドレスを確認する

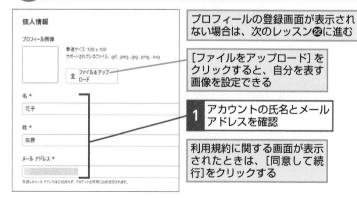

プロフィールの登録画面が表示されない場合は、次のレッスン㉒に進む

[ファイルをアップロード]をクリックすると、自分を表す画像を設定できる

**1** アカウントの氏名とメールアドレスを確認

利用規約に関する画面が表示されたときは、[同意して続行]をクリックする

### ▶キーワード

| Automation Cloud | p.181 |
|---|---|
| UiPathアカデミー | p.182 |
| UiPathマーケットプレース | p.182 |

**HINT!**

### UiPathマーケットプレースって何？

UiPathマーケットプレースは、世界中のRPAユーザーをつなぐコミュニティです。ユーザー同士の交流や質問ができる[フォーラム]、UiPathの使い方を学習できる[アカデミー]、ユーザーが作成したコンポーネントをダウンロードできる[マーケットプレース]などのサービスを利用できます。

**HINT!**

### アカウントはUiPath Automation Cloudと同じ

手順2で入力するアカウントは、StudioXをダウンロードするときにUiPathのサイトに登録したのと同じものとなります（レッスン❼を参照）。サービスによっては、このレッスンのように登録作業が必要な場合もありますが、基本的に1つのアカウントでさまざまなサービスを利用できます。

**HINT!**

### 登録作業は初回のみ

手順3～5の登録作業は、初回のみ必要な操作です。一度、登録しておけば次回以降はサインインするだけでUiPathマーケットプレースにアクセスできます。

## 4 プロフィールを編集する

続けて[場所]などを設定する

**1** [場所]を入力

ここではビジネスユーザー
として登録する

**2** [RPAロール]として[ビジネス
ユーザー]を設定

**3** 利用規約とプライバシーポリシーのチェックボックスを
クリックしてチェックマークを付ける

**4** [プロフィールを完了]をクリック

## 5 プロフィールを編集できた

UiPathマーケットプレースのサービスが
使えるようになった

**1** UiPathマーケットプレースの
ロゴをクリック

UiPathマーケットプレースの
トップページに戻る

---

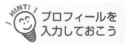

### HINT! プロフィールを入力しておこう

ここでは必須の項目のみを登録しました
が、ユーザー同士のコミュニケーショ
ンの手助けになるため、写真などの設
定もおすすめします。なお、必須項目
は赤い*マークが付いている[名][名字]
[メールアドレス][場所][RPAロール]
の5つです。

### HINT! プロフィールは後から設定できる

手順3でプロフィールの登録画面が表
示されなかった場合は、以下の手順で
設定や編集が可能です。

UiPathマーケットプレースのWeb
ページでログインを実行しておく

**1** ユーザーアイコンをクリック

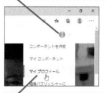

**2** [マイプロフィール]を
クリック

[プロフィー
ルを編集]を
クリックす
ると、プロ
フィールの
編集画面が
表示される

### Point

#### いろいろなサービスがある

UiPathでは、ユーザーの開発を助け、
さらなるステップアップを目指すため
のサービスを多数用意しています。
UiPathマーケットプレースもこうした
サービスの1つです。ここでは、テン
プレートをダウンロードするために登
録をしていますが、アカデミー（レッ
スン⑭を参照）やフォーラム（レッス
ン⑮を参照）も利用できるので、積極
的に活用しましょう。

21

UiPathマーケットプレース

# テンプレート集を
# ダウンロードするには

## StudioXテンプレート集

StudioX用のテンプレートを入手しましょう。ここでは、最新版のテンプレートと本書で紹介するバージョンをダウンロードする方法を解説します。

第4章 テンプレートを活用しよう

## マーケットプレースからのダウンロード

### 1 [コンポーネント]の画面を表示する

レッスン㉑を参考に、UiPathマーケットプレースのWebページにログインしておく

Cookieの保存に関するメッセージが表示されたら[同意して続行]をクリックしておく

ここではStudioX用のコンポーネントを検索する

**1** 検索ボックスをクリック **2** 「StudioX」と入力

**3** [Enter]キーを押す

### 2 テンプレートを選択する

StudioX用のコンポーネントが表示された

**1** [StudioXテンプレート集]をクリック

▶キーワード

| | |
|---|---|
| テンプレート | p.184 |

**HINT!**

### 本書で使うバージョンをダウンロードするには

UiPathマーケットプレースで公開されているテンプレートは、時期によってアップデートされている可能性があります。62〜63ページの手順を実行すると、最新版のテンプレートをダウンロードできますが、バージョンによっては若干内容が変わっている可能性もあります。本書とまったく同じバージョンを使いたいときは、64〜65ページの手順を参考にテンプレートをダウンロードしてください。

**HINT!**

### プロフィール登録画面が表示されたら

UiPathのマーケットプレースを使うには、自分のプロフィールを登録しておく必要があります。登録していなかった場合は手順1の前でプロフィール登録画面が表示されるので、ここで登録を行いましょう。

[場所]や[RPAロール]などを設定する

## ③ テンプレートをダウンロードする

[StudioXテンプレート集]の情報が表示された

テンプレートのバージョンを
確認できる

1 [ダウンロード]を
クリック

ダウンロードしたテンプレートは
次のレッスンで展開する

## ④ ファイルがダウンロードされた

ファイルがダウンロードされた

Webブラウザーを閉じておく

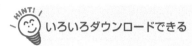

### いろいろダウンロードできる

マーケットプレースでは、いろいろな
コンポーネントが提供されています。
マイクロソフトやGoogleなどのクラウ
ドサービスと連携するためのアクティ
ビティや開発例などのサンプル的に使
えるスニペット、本書でも紹介する開
発のベースとなるテンプレートなどを
ダウンロードできます。

### 候補が複数表示される場合も
ある

テンプレートを検索するタイミングに
よっては、複数表示される可能性があ
ります。本書で利用するのは、[StudioX
テンプレート集]なので、名前をよく
確認してダウンロードしましょう。

### 作成者の情報やレビューも
参照できる

手順3の画面では、コンポーネントの詳
細や作成者の情報を参照できます。別
のコンポーネントをダウンロードする
ときは、こうした情報をよく確認しま
しょう。[レビュー] タブをクリックす
れば、利用した人の意見を参照したり、
自分の意見を投稿したりもできます。

### 複数バージョンのファイルが
含まれる

ダウンロードしたテンプレートには複
数のバージョン用のファイルが含まれ
ています。本書では「2020.04」用の
テンプレートを使います。レッスン㉓
を参考に、本書の内容に合ったテンプ
レートを用意しましょう。

次のページに続く

## 本書で使うバージョンのテンプレートをダウンロードする

 **書籍のWebページを表示する**

本書と同じ手順で操作する場合は、以下の方法で
テンプレートをダウンロードする

最新版が必要な場合は前のページの
手順でダウンロードする

| Webブラウザーを | **1** 以下のWebページに |
| 起動しておく | アクセス |

▼インプレスブックス
https://book.impress.co.jp/books/1120101071

**2** ここを下へドラッグしてスクロール

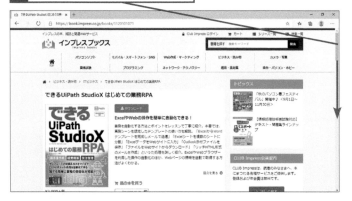

**2** **ダウンロードリンクをクリックする**

| [ダウンロード] の項目が | **1** [StudioXTemplates.zip] を |
| 表示された | クリック |

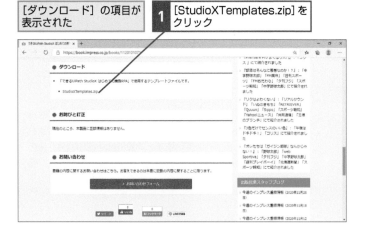

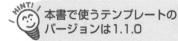

### 本書で使うテンプレートの バージョンは1.1.0

本書で使うのはバージョン1.1.0です。
マーケットプレースで公開されている
バージョンよりも古い可能性がありま
すが、本書のレッスンを学習するうえ
では古いバージョンでも問題ありませ
ん。本書で一通り学習した後、実務に
テンプレートを活用したい場合は、62
～ 63ページを参考に最新バージョン
をダウンロードして使いましょう。

### 複数のバージョンを 使う場合は

マーケットプレースからダウンロード
したテンプレートと、このページでダ
ウンロードしたテンプレートは、展開
後のフォルダー名が同じになっていま
す。次のレッスン㉓でテンプレートを
展開する際、両方を [ドキュメント]
の [UiPath] フォルダーに配置すると、
先に配置した方が上書きされてしまい
ます。両方を使いたいときは、[UiPath]
フォルダーにさらにサブフォルダーを
作成して、別々のフォルダーに配置し
ましょう。

### 「2020.04」用の テンプレートを使う

テンプレートはStudioXのバージョン
によって使い方が異なります。本書で
は、「2020.04」用テンプレートを使
用するので、ダウンロードした圧縮
ファイルに複数のバージョンが含まれ
る場合は、必ず「2020.04」用のテン
プレートを使うようにしてください。

## ③ ダウンロードできた

StudioXテンプレート集が
ダウンロードされる

次のレッスンを参考に圧縮
ファイルを展開する

Webブラウザーを
閉じておく

### 英語表示のテンプレートは ダウンロード不要

ここでダウンロードするテンプレート
は、StudioXに同梱されているテンプ
レートを日本語環境でも使えるように
にしたものです。英語表示でも構わな
いときは、StudioXのスタート画面に
ある[テンプレート]から、同じ目的
のテンプレートを利用できます。

## Point

### テンプレートを活用しよう

StudioXの最大の特徴は「手軽さ」です。
これは、操作が簡単であるという意味
でもありますが、テンプレートを活用
することで短時間に開発ができるとい
う意味も含まれています。このため、
マーケットプレースで公開されている
テンプレートなどを積極的に活用する
ことが、StudioXを使いこなすための
近道になります。具体的な処理の流れ
やアクティビティの使用例を学ぶ手助
けにもなるので、ぜひ活用しましょう。

## テクニック お詫びと訂正をチェックしよう

ここで紹介した書籍のWebページでは、本書の内容に関
する[お詫びと訂正]も確認できます。書籍の内容通り
に手順を進めてもうまく動作しないときは、本書の内容に
間違いがある可能性があります。[お詫びと訂正]で、正
しい手順が紹介されている場合もあるので確認してみる
といいでしょう。

書籍ページを下へスクロール
すると表示される

# テンプレートを使うには

テンプレートの展開

ダウンロードしたテンプレートはZIP形式で圧縮されています。圧縮ファイルを展開して、StudioXの標準の保存先に保存しましょう。

## 1 フォルダーを並べて表示する

エクスプローラーを2つ起動しておく

[ダウンロード] フォルダーとコピー先のフォルダーを表示しておく

1 [ダウンロード]をクリック

[StudioXTemplates] が表示された

ここでは、UiPathの標準の保存先にテンプレートを保存する

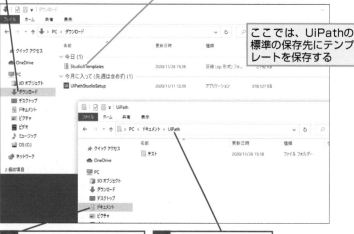

2 [ドキュメント]をクリック

3 [UiPath]をクリック

## 2 圧縮ファイルの中身を表示する

1 [StudioXTemplates]をダブルクリック

2 [2020.4]をダブルクリック

### ダウンロード先のフォルダーに注意

Webブラウザーからダウンロードしたファイルは、通常、[ダウンロード] フォルダーに保存されています。もしも、異なるフォルダーに保存した場合は、手順1でダウンロード先のフォルダーを指定して開きましょう。

### ZIPで圧縮されている

ダウンロードしたファイルは、複数のプロジェクトがZIPファイルにまとめられています。ここでは、手順2でZIPファイルを直接開いてファイルをコピーしていますが、ZIPファイルを展開し、展開後のフォルダーをコピーまたは移動しても構いません。

### 別のフォルダーに保存してもいい

ここでは [ドキュメント] の [UiPath] フォルダーに配置しましたが、別のフォルダーに配置しても構いません。別のフォルダーに配置した場合は、レッスン㉔で保存先のフォルダーを指定して開きます。

### 手軽にテンプレートを作成・共有できる

StudioX（バージョン20.10以降）では、StudioXを使ってテンプレートを作成したり、作成したプロジェクトをテンプレートとしてエクスポートできます。作成したテンプレートをほかのメンバーと共有し、共通の処理をテンプレートから簡単に作成するなど、チームの作業効率アップにも役立ちます。

第4章 テンプレートを活用しよう

## ③ ファイルをコピーする

[StudioXTemplates.zip]の
中身が表示された

**1** 圧縮フォルダーの中身を表示した
状態で Ctrl + A キーを押す

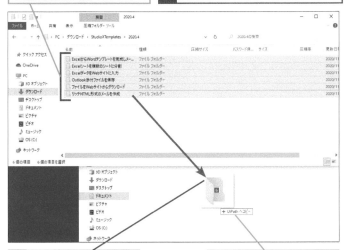

**2** [UiPath]フォルダーに
ドラッグ&ドロップ

「UiPathへコピー」と表示
されていることを確認する

## ④ ファイルがコピーされた

[UiPath]フォルダーにテンプレートが
コピーされた

[閉じる]をクリックして、フォルダー
ウィンドウを閉じておく

**[テスト]フォルダーが
確認できる**

エクスプローラーで[ドキュメント]
の[UiPath]フォルダーを開くと、作
成済みのプロジェクトのフォルダーが
表示されます。例えば、本書の手順で
はコピー先のウィンドウに[テスト]
フォルダーが表示されていますが、こ
れは第3章のレッスン❾で作成した[テ
スト]プロジェクトが保存されている
フォルダーとなります。

**「2020.04」用の
テンプレートを使う**

本書では、「2020.04」用のテンプレー
トを使って操作を進めます。ダウンロー
ドしたファイルによっては、[2020.04]
フォルダーに加えて、ほかのバージョ
ン用のテンプレートが含まれる場合が
あります。手順2でバージョンごとの
フォルダーが表示されたときは、必ず
[2020.04]フォルダーの中身を表示
してテンプレートをコピーしましょう。
「2020.10」以降のテンプレートは利用
するために追加の操作が必要になりま
す(レッスン❷参照)。

## Point

### ファイルとして簡単に扱える

このレッスンで紹介したように、
StudioXのプロジェクトやテンプレート
は、ファイルとして手軽に扱えます。
ここではパソコン上に配置しましたが、
社内のファイルサーバーなどに配置し
て、全員で参照できるようにしても構
いません。ここでダウンロードしたテ
ンプレートを自社の業務向けに改変し、
それをテンプレートとして社内で共有
するなど、効率的に活用しましょう。

# テンプレートを実行するには

テンプレートの実行

ダウンロードしたテンプレートを実行してみましょう。そのまま動作するように設定されているので、何もカスタマイズしなくてもすぐに実行できます。

## テンプレートを開く

### 1 ファイルの表示方法を選択する

| レッスン❾を参考に、StudioXを起動しておく | **1** [ローカルプロジェクトを開く] をクリック |
| --- | --- |

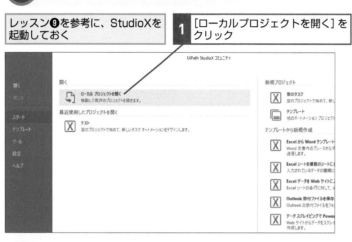

### 2 テンプレートファイルを選択する

| [開く] ダイアログボックスが表示された | ここでは [ExcelからWordテンプレートを完成しメールを作成]フォルダーを表示する |
| --- | --- |

| [ドキュメント]の[UiPath]フォルダーを表示する | **1** [ExcelからWordテンプレートを完成しメールを作成]をクリック |
| --- | --- |

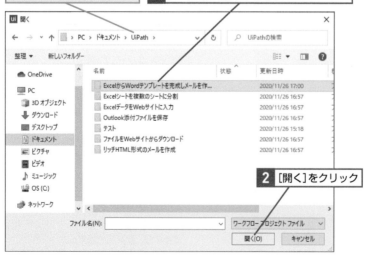

**2** [開く]をクリック

### HINT! ダウンロードしたテンプレートを使おう

StudioXのスタート画面の右側には、組み込み済みのテンプレートが表示されています。ただし、これらのテンプレートはコメントなどが英語表示のままです。日本語環境で利用する場合は、[ホーム]画面の[スタート]で[ローカルプロジェクトを開く]をクリックし、レッスン㉓で[UiPath]フォルダーにコピーしたテンプレートを開く必要があります。

### HINT! テンプレートには6個のプロジェクトが含まれる

ダウンロードしたテンプレートには、全部で6個(「2020.10」用は7個)のプロジェクトが含まれています(レッスン㉓を参照)。いずれも実務でよくあるシーンを想定したテンプレートなので、応用しやすいでしょう。

・ExcelからWordテンプレートを完成しメールを作成
・Excelシートを複数のシートに分割
・ExcelデータをWebサイトに入力
・Outlook添付ファイルを保存
・ファイルをWebサイトからダウンロード
・リッチHTML形式のメールを作成

第4章 テンプレートを活用しよう

## ③ project.jsonを開く

**1** [project.json]をクリック

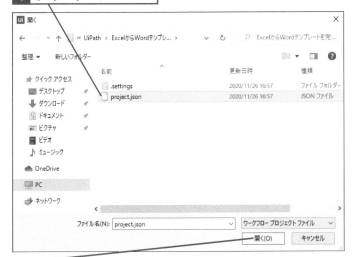

**2** [開く]をクリック

**3** ファイルが表示されるまでしばらく待つ

## ④ テンプレートのファイルが表示された

[ExcelからWordテンプレートを完成しメールを作成] の
テンプレートファイルが表示された

何も変更しなくても、
そのまま実行できる

---

**実行環境を整えておこう**

[ExcelからWordテンプレートを完成
しメールを作成] を実行するには、パ
ソコンにExcel、Word、Outlookがイ
ンストールされている必要がありま
す。Outlookに関しては、アカウント
が設定され、メールを送受信できる状
態になっている必要があります。なお、
メールは下書きが保存されるだけで、
実際に送信される訳ではないので、安
心して実行できます。

**「2020.10」用の
テンプレートも実行できる**

本書では [2020.04] フォルダーのテ
ンプレートを使った手順を紹介してい
ます。ダウンロードしたテンプレート
には、StudioX 2020.10以降のバー
ジョン向けに作成されたテンプレート
も含まれていますが、このレッスンの
操作と同様にテンプレートを開いて、
そのまま実行することができます。

次のページに続く

## テンプレートを実行する

### ① テンプレートのファイルを実行する

| 何も変更せずにそのまま実行する | **1** [実行]をクリック |
| --- | --- |

| **2** 実行が完了するまで待つ | 動作の詳細はレッスン㉖〜㉗を参照する |
| --- | --- |

### ② Excelが起動する

StudioXが最小化した後、
Excelが自動的に起動する

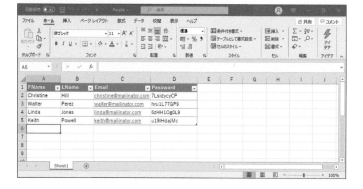

### OneDriveの同期は
### オフがおすすめ

［ドキュメント］の［UiPath］フォルダーがOneDriveなどの同期対象となっているときは、実行前に同期を一時的にオフにするか、OneDriveを終了しましょう。同期処理のためにExcelやWordのファイルが使われると、遅延が発生し、うまく処理できない場合があります。

**1** OneDriveのアイコンをクリック

**2** [ヘルプと設定]をクリック

［同期の一時停止］または［OneDriveを閉じる]をクリックする

### 途中で無反応になったら

テンプレートの実行後、途中で無反応になってしまったときは、タスクトレイのアイコンをクリックしてStudioXを起動し、リボンの［停止］をクリックすることで実行を中止できます。原因を調べてから、もう一度、実行してみましょう。

**1** [停止]をクリック

## ③ Wordが起動する

Wordが自動的に起動し、内容が
自動的に書き換えられる

手順2 ～ 3の動作が4回繰り返される

## ④ 実行が完了した

実行がすべて完了し、StudioXが
再表示された

「前回の実行は成功しました。」と
表示された

 **繰り返し実行する場合は**

テンプレートをもう一度実行したいと
きは、[ドキュメント]-[UiPath]-[Excel
からWordテンプレートを完成しメール
を作成] フォルダーにあるWordファ
イル [CompletedAttachment] と、
Outlookの [下書き] にある4通のメー
ルを削除しておきましょう。

[CompletedAttachment] を
削除する

[下書き] フォルダーの下書き
メール4つを削除する

## Point

### 動作を試せる

本書で紹介するテンプレートは、何も
設定しなくても、そのまま実行できま
す。まずは、StudioXによる自動化が
どのように動作するのかをテンプレー
トで体験してみましょう。アプリが自
動的に起動し、何か操作が行われる様
子を確認できます。人間の操作と違っ
て、複数の操作があっという間に処理
される様子が分かるでしょう。

# 25

## テンプレートの実行結果を確認するには

### 実行結果

前のレッスンで実行したテンプレートの結果を確認してみましょう。処理されたファイルを開いて、何がどのように操作されたのかも見てみましょう。

## ① [出力] パネルを拡大する

| レッスン㉔を参考に、テンプレートを実行しておく | **1** [出力]をクリック |
| --- | --- |

[出力]パネルを拡大して表示する

| **2** [出力]パネルの上辺をクリック | **3** 上方向へドラッグ |
| --- | --- |

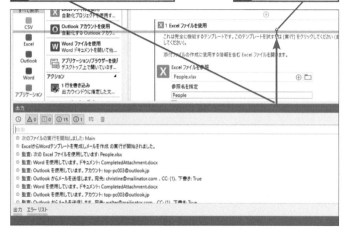

## ② 実行結果を確認する

| 実行結果がすべて表示された | **1** 起動したアプリや開いたファイルなどが記録されていることを確認 |
| --- | --- |

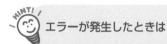

### HINT! エラーが発生したときは

テンプレートを何も改変していない場合、基本的にエラーが発生することはありません。ただし、万が一、エラーが発生したときは、[エラーリスト] パネルでエラーの詳細を確認してみましょう。

### HINT! [1行を書き込み] アクティビティがあれば値も確認できる

今回のテンプレートでは、[出力] パネルに起動したアプリなどの情報のみが表示されます。処理の途中で、内部で使われている値を確認したいときは、第3章のレッスン⑬で紹介した [1行を書き込み] アクティビティを使うといいでしょう。テンプレート内のアクティビティで指定されているのと同じ値を [1行を書き込み] アクティビティに指定すると、処理された値が [出力] パネルに表示され、どのような値が処理されたのかを確認できます。StudioXの使い方に慣れたら、テンプレートに [1行を書き込み] アクティビティを追加して値を確認してみましょう。

## ③ 確認するファイルを選択する

テンプレートで使用されたファイルを1つずつ確認する

[ドキュメント] - [UiPath] - [ExcelからWordテンプレートを完成しメールを作成]フォルダーを表示しておく

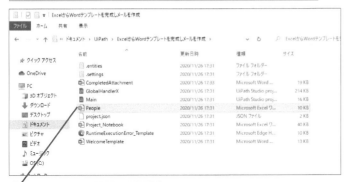

**1** [People]をダブルクリック

## ④ Excelファイルが表示された

最初に起動したExcelファイル [People] が保護ビューで表示された

ここでは保護ビューを解除する　**1** [編集を有効にする]をクリック

名前やメールアドレス、パスワードなどのリストがテーブルで保存されている

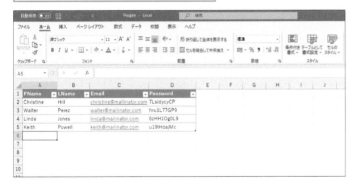

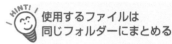

 使用するファイルは
同じフォルダーにまとめる

テンプレートで使用するExcelやWordのファイルは、テンプレートの保存先と同じフォルダーに保存されています。このように、プロジェクトと同じフォルダーに使うファイルを配置すると、パスの指定を省けたり、プロジェクトと一緒にコピーや移動ができたりするメリットがあります。

HINT! 何をするテンプレートなの？

このレッスンで実行した [ExcelからWordテンプレートを完成しメールを作成] は、メールを自動的に送信（実際には下書き保存）するためのテンプレートです。Excelのリストを元にユーザーごとのパスワードが記述されたWordのファイルを作成し、それを各ユーザーのメールアドレス宛てのメールとして下書きを保存します。詳細はレッスン㉖～㉗を参照してください。

25

実行結果

次のページに続く

## ⑤ Wordのテンプレートを表示する

**1** [WelcomeTemplate]をダブルクリック

| 手順4を参考に、保護ビューを解除しておく | パスワード通知の元となる文章が記載されている |
|---|---|

## ⑥ 自動で生成されたWordファイルを表示する

**1** [CompletedAttachment]をダブルクリック

| 手順4を参考に、保護ビューを解除しておく | 名前やパスワードなどが記入されている |
|---|---|

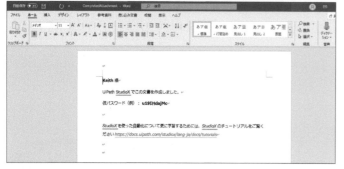

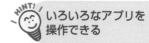

**いろいろなアプリを操作できる**

ここでは、Excel、Word、Outlookを操作しましたが、このほかPowerPointを操作したり、Webブラウザーを操作したりもできます。また、独自開発したアプリの画面操作もできます。

**自動生成されるファイルは1つだけ**

実行したテンプレートでは、Excelに記載されたリストから4人分のWordファイルを生成していますが、実際に自動作成されたWordファイルは1つだけとなります。元となるWordファイルをコピーして、一人ずつ内容を変えながら同じ名前のファイルとして上書き保存しています。

第4章 テンプレートを活用しよう

## 7 Excelのリストと合わせて確認する

**1** [People]と[CompletedAttachment]を比較

Excelのリストから名前やパスワードなどが
記入されている

## 8 Outlookの下書きメールを表示する

Outlookを起動する **1** [下書き]をクリック

Excelのリストにあったメールアドレス宛ての
下書きが4通保存されている

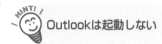

### Outlookは起動しない

このテンプレートでは、Outlookを操
作していますが、実行時にOutlookの
画面は表示されません。StudioXは
Outlookとの連携機能を搭載している
ため、アプリを起動しなくても、メー
ルを送受信できます。

## Point

### 何が起きたのかを確認しよう

テンプレートを実行して何が起きたの
かを確認することは、StudioXを使い
こなせるようになるためにはとても有
益です。StudioXの [デザイナー] パ
ネルに並べられたアクティビティが、
どのアプリをどのように操作している
のかを理解する手助けになります。ファ
イル内のどのデータが参照されている
のか、どこにデータが入力されている
のかは、今後のレッスンでさらに詳し
く解説しますので、まずは、全体の流
れをつかんでおくといいでしょう。

# この章のまとめ

## テンプレートの使い方を覚えよう

テンプレートは、よくある業務などを想定したプロジェクトのサンプルです。第4章を参考に、内容を変更して業務に活用できますが、まずは基本的な使い方を知ることが重要です。入手方法はもちろん、開き方や実行方法、実行結果の確認方法などを覚えておきましょう。本書で紹介するテンプレートは、基本的なアクティビティが使われているうえ、ダウンロード後、何も変更せずに実行できるので、StudioXの入門用教材としても秀逸です。

**多彩なテンプレートがある**

UiPath マーケットプレースでダウンロードできるテンプレートを有効活用しよう

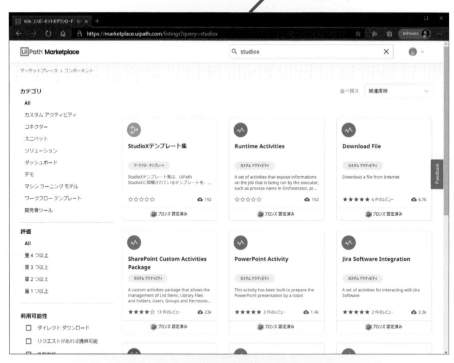

第**5**章 テンプレートを
応用しよう

テンプレートの中身を詳しく見てみましょう。Excelや
Word、Outlookなどを使ったよくある業務を想定した6
種類のテンプレートの中身を1つずつ丁寧に紹介します。

## ExcelからWordテンプレートを完成しメール作成①

### プロジェクトの全体像を確認しよう

StudioX用テンプレートの中身を詳しく見てみましょう。内容を具体的に理解することで、どこを変更すれば実務で使えるようになるのか分かりやすくなります。

## テンプレートを実行する

レッスン㉔を参考に [ExcelからWordテンプレートを完成しメールを作成] テンプレートを開いて表示しておく

**1** [実行] をクリック

次のレッスンで各アクティビティの処理と実行結果を確認する

## 全体像を確認する

**1** [デザイナー] パネルを下にスクロールして全体像を確認

### HINT! 何をするテンプレート？

「ExcelからWordテンプレートを完成しメールを作成」は、テンプレートとしてあらかじめ用意しておいたWord文書内の文字列を、Excelファイルで指定された値に置き換えた後、添付用のWordファイルとして新たに保存します。その後、Excelファイルで指定したメールアドレス宛てにOutlookのメールを下書きとして作成し、作成したWord文書を添付します。

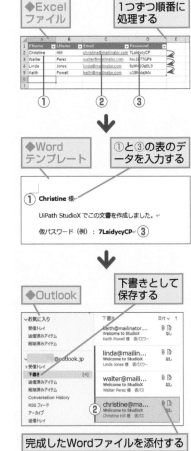

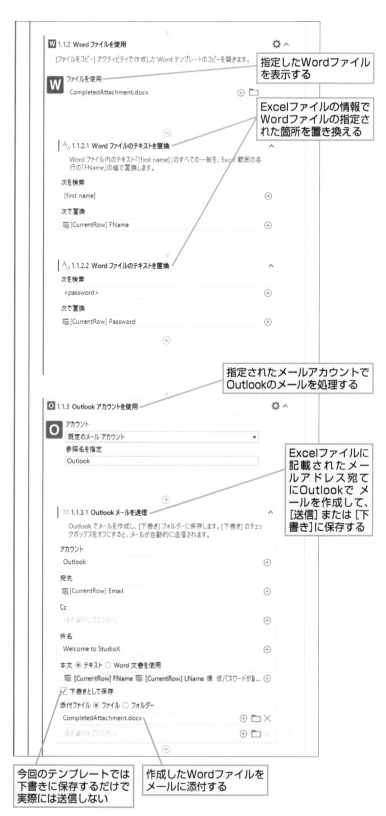

指定したWordファイル
を表示する

Excelファイルの情報で
Wordファイルの指定さ
れた箇所を置き換える

指定されたメールアカウントで
Outlookのメールを処理する

Excelファイルに
記載されたメー
ルアドレス宛て
にOutlookで メー
ルを作成して、
[送信] または [下
書き] に保存する

今回のテンプレートでは
下書きに保存するだけで
実際には送信しない

作成したWordファイルを
メールに添付する

26
プロジェクトの全体像を確認しよう

 階層構造になっている

StudioXのプロジェクトの多くは、アクティビティの中にアクティビティが存在する階層構造になっています。こうした階層構造は、繰り返し処理で、どの範囲を繰り返すのかを見極めるのに大切です。各アクティビティの外枠が、どこまでの範囲を囲んでいるかを確認しておくといいでしょう。

[Excelファイルを使用]（親階層）の中に [Excelの繰り返し（各行）]（子階層）があり、さらに3つのアクティビティ（孫階層）が配置されている

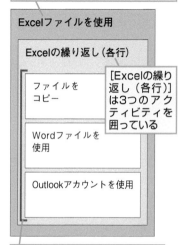

[Excelの繰り返し（各行）]は3つのアクティビティを囲っている

[Excelの繰り返し（各行）]の中にある3つのアクティビティが繰り返し処理される

## Point

### 請求書送付業務などに活用できる

このテンプレートは、複数の宛先に対して、文章の特定の文字列のみを変更して送信したい場合に活用できます。この例ではパスワードの通知に利用していますが、Wordの文書やExcelのリストを変更したり、プロジェクト内のメール送信部分で件名や本文を書き換えたりすれば、請求書や招待状の送付などの業務にも応用できます。

# 27

## ExcelからWordテンプレートを完成しメールを作成②

### アクティビティの動作を確認しよう

[ExcelからWordテンプレートを完成しメールを作成]にある各アクティビティがどのような処理をしているのか、1つずつ確認していきましょう。

## [Excelファイルを使用] アクティビティ

[Excelファイルを使用] アクティビティは文字通り、Excelファイルを扱うためのアクティビティです。ここでは、送信先として使うメールアドレスや名前が記載されたExcelファイル [People.xlsx] を開き、そのデータを「People」という参照名で使えるようにします。

開くExcelファイルを指定する

Excelファイルから読み込んだ表データを一時的に保管し、ほかのアクティビティで使えるようにする

### ●動作の詳細について

[Excelファイルを参照]アクティビティのフォルダーアイコンから指定されたExcelファイル

### HINT! [プロパティ] パネルを固定するには

本書では、各アクティビティを紹介する際、必要に応じて [プロパティ] パネルの設定も紹介します。毎回、[プロパティ] パネルを開くのが面倒なときは、ピン留めアイコン ⊞ をクリックして固定するとアイコンが ⊡ の表示に変わり、[プロパティ] パネルが常に表示されます。

**1** ここをクリック ⊞

### HINT! オプション設定ができる

[Excelファイルを使用]アクティビティでは、必要に応じて [プロパティ] パネルでオプションも設定できます。例えば、[新しいファイルを作成] がオンになっている場合、指定したファイルが存在しないときは新規で作成します。また、[自動保存] がオンになっているときは、セルの内容が置き換わったときなど、ファイルの内容が変更されるたびに自動でファイルが保存されます。

新規作成や自動保存が設定できる

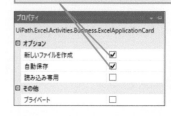

## [Excelの繰り返し（各行）] アクティビティ

[Excelの繰り返し（各行）] アクティビティは、Excelの表データを1行ずつ上から順番に繰り返し処理します。ここでは、先に参照先として指定されたExcelファイルのデータ [People] の「Table1」という名前のテーブルの値を順番に処理します。

テーブルのデータを1行ずつ順番に処理する

「CurrentRow」は順番に繰り返し処理される行のうち、処理対象になっている行を示す

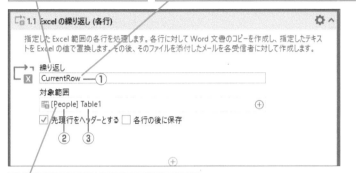

操作対象となるデータ範囲を指定する。ここでは [Excelファイルを使用] アクティビティで一次的に保存した [People] のテーブル「Table1」を指定する

●動作の詳細について

②のファイルにある③のテーブルを、①の現在の行から1行ずつ順番に処理する

### 先頭行の扱いを設定できる

[Excelの繰り返し（各行）] アクティビティで [先頭行をヘッダーとする] のチェックボックスをクリックしてチェックマークを付けると、Excelファイルのテーブルの1行目（見出し行）をヘッダーと判断し、繰り返し処理から除外します。見出し行がないファイルを使うときは、このチェックをオフにしましょう。なお、[Excelの繰り返し（各行）] の [プロパティ] パネルにある [ヘッダーを含む] でも同様に設定できます。

[ヘッダーを含む] にチェックマークが付いていると先頭行が処理から除外される

### よく使うアクティビティ

[Excelの繰り返し（各行）] アクティビティは、StudioXの中で利用頻度が高いアクティビティの1つです。日常業務でもExcelの表を元に、データを読み取ったり書き込んだりする機会が多くありますが、こうした作業を自動化したいときに利用します。

次のページに続く

## ［ファイルをコピー］アクティビティ

［ファイルをコピー］アクティビティは、指定したファイルを別のファイルとしてコピーします。ここでは、ベースとなる文章が記載されたWordファイルのテンプレート［WelcomeTemplate.docx］を［CompletedAttachment.docx］というファイルにコピーします。なお、どちらのファイルもプロジェクトフォルダー内のファイルとなるので、パスを指定する必要はありません。

コピー元のファイルを
指定する

コピー先のファイルを
指定する

上書きするかどうかを
設定する

### ●動作の詳細について

①のファイルから②のファイルに
コピーされる

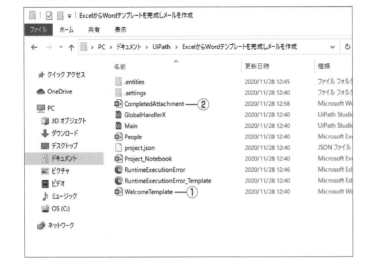

 **上書きされる**

［上書き］のチェックボックスにチェックマークが付いているため、コピー先のファイルが存在する場合は、新しいファイルで上書きされます。ここでは、繰り返し［ファイルをコピー］が実行されるので、1人目用のファイル、2人目用のファイル、といったように次々にファイルが上書きされます。

［上書き］のチェックボックスに
チェックマークが付いている

**別のフォルダーを
指定するには**

コピー元やコピー先に別のフォルダーを指定したいときは、右側の［ファイルを参照］をクリックして保存先を指定します。

保存先を指定するときは［ファイルを参照］をクリックする

**カスタマイズするときは
このファイルを書き換える**

このテンプレートでコピー元として指定した［WelcomeTemplate.docx］の内容を書き換えると、請求書や招待状など、別の用途に利用できます。

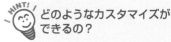

①

このファイルがコピーされる

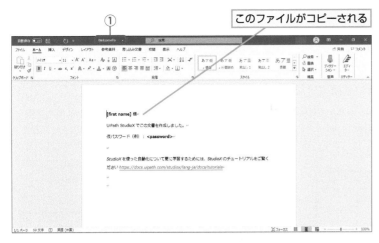

**HINT!** どのようなカスタマイズができるの？

フォルダーのWordファイル［Welcome Template.docx］を編集して、送信するWord文書の内容を変更できます。また、同フォルダー内のExcelファイル［People.xlsx］を編集して、置換する値やメール送信先を編集できます。［Outlookメールを送信］アクティビティを変更すれば、メールの件名や本文などをカスタマイズできます。

27

アクティビティの動作を確認しよう

---

**テクニック** プレイスホルダーを用意しよう

このテンプレートのように、WordファイルやPowerPointファイルの文書の一部分を置き換える操作をするときは、元となるファイル内の置き換えたい部分をプレイスホルダーとして構成します。このテンプレートの例では、「［first name］」や「＜password＞」がプレイスホルダーに相当します。このように「［］」や「＜＞」で囲んで文字列を指定すると、アクティビティから置き換え先を指定しやすくなるうえ、文書内に存在する同じ文字列が意図せず置き換えられてしまうことを防げます。

置き換えたい箇所は、「［］」や「＜＞」で文字列を囲む

自動保存 ● オフ 🖫 ↻ ▽　WelcomeTe… ▾　🔍 検索

ファイル　**ホーム**　挿入　デザイン　レイアウト　参考資料　差し込み文書　校閲　表示　ヘルプ

メイリオ ▾ 11 ▾ Aˇ Aˇ Aa ▾ Aˇ 🔳　あア亜　あア亜　あ ア 亜

B I U ▾ ab x₂ x²　A ▾ 🖊 ▾ A ▾ A ⓐ　標準　行間詰め　見出し 1

クリップボード　フォント　段落　スタイル

**［first name］様**

UiPath StudioX でこの文書を作成しました。

仮パスワード（例）： **＜password＞**

*StudioX* を使った自動化について更に学習するためには、*StudioX* のチュートリアルをください *https://docs.uipath.com/studiox/lang-ja/docs/tutorials*

次のページに続く

## ■ [Wordファイルを使用] アクティビティ

[Wordファイルを使用] アクティビティは、Wordファイルを開きます。ここでは、先の [ファイルをコピー] アクティビティでコピーした [CompletedAttachment.docx] を指定して開きます。ここではまだ値が置換されていないため、コピー元のWordファイル [WelcomeTemplate.docx] と同じ内容です。

開くファイルを指定する

●動作の詳細について

文書内の値は[WelcomeTemplate.docx]と同じ

## ■ [Wordファイルのテキストを置換] アクティビティ①

[Wordファイルのテキストを置換] アクティビティは、指定されたWordファイルから指定された文字列を検索し、別の文字列に置き換えます。ここでは、[first name] というプレイスホルダーを検索し、Excelファイルの [FName] 列の値に置き換えます。[CurrentRow] は、繰り返し処理で現在処理している行を示します。

検索する文字列を指定する　　置き換えるデータを指定する

 具体的な処理はアクティビティの中に配置する

[Wordファイルを使用] アクティビティでは、ファイルを開くだけで具体的な処理はしません。ファイルに対しての処理は、[Wordファイルを使用] アクティビティの中にアクティビティを配置することで指定します。

[Wordファイルを使用] アクティビティの中に処理を行うアクティビティを配置する

😊 日本語ファイルも使える

本書ではテンプレートに従って英語名のファイルを使用していますが、日本語名のファイルでも問題なく利用できます。

 Excelの値以外にも置き換えられる

[次で置換] の右端にある⊕をクリックして [テキスト] を選択すると、置き換える文字列をアクティビティ上で指定できます。置き換える文字列は、Excelの中のデータである必要はなく、手入力した固定の文字列でも構いません。

第5章 テンプレートを応用しよう

●動作の詳細について

## 「[first name]」の文字列を置換する

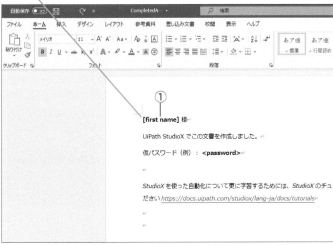

↓

## 現在の行の[FName]列の値を挿入する

## 文字列が置き換えられた

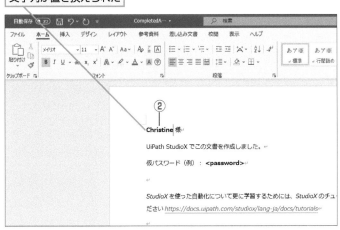

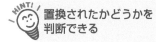

### 置換されたかどうかを判断できる

[プロパティ] パネルの [結果] を利用すると、値が置換されたかどうかを [TRUE/FALSE] の値で判断できます。ここでは必ず見つかるため利用しませんが、元となる文書内に指定の文字列が見つかるかどうかが不確定な場合に活用できます。

[結果] を設定すると置換の可不可が表示される

### 書式設定が引き継がれる

[Wordファイルのテキストを置換] アクティビティでは、置き換え元の文字列 (ここでは[first name]) に設定されているフォントなどの書式設定をそのまま引き継ぎます。このため、ここでは置き換え後の文字列も、元の書式と同じフォントの太字で表示されます。

次のページに続く

## ［Wordファイルのテキストを置換］アクティビティ②

同じくWordファイル内のテキストを置き換えます。ここでは、「<password>」というプレイスホルダーをExcelファイルの現在の行にある、［Password］列の値に置き換えます。

検索する文字列を指定する

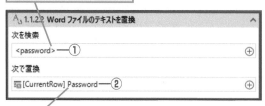

置き換えるデータを指定する

●動作の詳細について

「<password>」の文字列を置換する

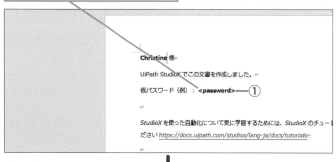

現在の行の［Password］列の値を挿入する

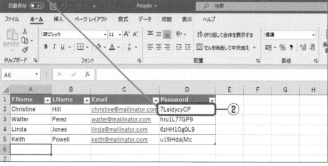

文字列が置き換えられた

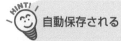
自動保存される

ここでは、先に配置されている［Wordファイルを使用］アクティビティの［プロパティ］パネルで［自動保存］がオンになっているため、Wordのテキストが置き換わると自動的にファイルが保存されます。なお、Microsoft 365版のExcelやWordには自動保存の機能が搭載されていますが、この機能のオン／オフとは関係なく、アクティビティ側の設定に応じて自動保存が実行されます。

日付を入れたいときは

Wordファイルの文書内に作成日などを自動的に記入できます。例えば、［WelcomeTemplate.docx］に「<作成日>」のようなプレイスホルダーを配置し、同様に［Wordファイルのテキストを置換］アクティビティで日付に置き換えます。このとき、アクティビティの［次で置換］で、［Project_Notebook.xlsx］の［Date］シートの［Today］セル（今日）などを指定できます。

## ■ [Outlookアカウントを使用] アクティビティ

[Outlookアカウントを使用] アクティビティは、指定したアカウントでOutlookを使う準備をします。ここでは [既定のメールアカウント] でOutlookを使う準備をし、[Outlook] という参照名でほかのアクティビティからメールを操作できるようにします。

利用するメールアカウントを指定する

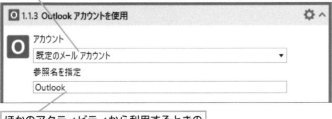

ほかのアクティビティから利用するときの
参照名を指定する

### ●動作の詳細について

Outlookアプリが起動する

普段、利用しているアカウントで起動する

HINT!
### 複数のメールアカウントが登録されているときは

Outlookに複数のメールアカウントが登録されているときは、右端の [▼] をクリックして利用するアカウントを指定します。なお、[既定のメールアカウント] は、Outlookの起動時に自動的に選択されるアカウントです。普段、メールのやり取りに使っているアカウントを使ってメールを操作します。

**1** ここをクリック

**2** 使用するアカウントを選択

HINT!
### 利用できるメールアプリについて

StudioXでは、アクティビティの [メール] カテゴリの [リソース] に表示されているメールアプリを操作できます。本書で説明しているバージョン（2020.10）で利用できるメールアプリは、Office製品に含まれるOutlook、Gmail、Exchange 365（Microsoft 365のOutlook）となります。

次のページに続く

## ■[Outlookメールを送信] アクティビティ

[Outlookメールを送信] アクティビティは、宛先や件名、本文、添付ファイルなどを指定してOutlookでメールを送信します。ここでは、宛先にExcelファイルの [Email] 列の値、件名に「Welcome to StudioX」という固定の文字列、本文にExcelの名前欄などを組み合わせたカスタム文字列、添付ファイルに [Completed Attachment.docx] を指定し、下書きとしてメールを作成します。

[Outlookアカウントを使用]アクティビティで
指定した参照名を入力する

宛先を指定する

本文を指定する

添付ファイルを
指定する

### ●動作の詳細について

[件名]が入力される

指定したWordファイルが
添付される

[本文]が入力される

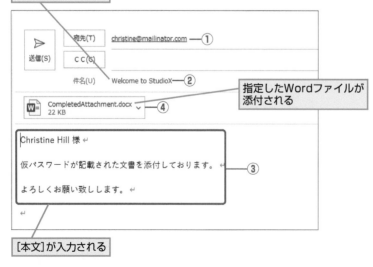

第5章 テンプレートを応用しよう

### Bccも設定できる

[Outlookメールを送信] アクティビティの [プロパティ] パネルを利用すると、宛先とCcだけでなく、[Bcc] にメールアドレスを指定できます。

[Bcc]にアドレスを指定する

### 実際にメールを送るには

[Outlookメールを送信] アクティビティで [下書きとして保存] のチェックボックスをクリックしてチェックマークを外すと、作成したメールを実際に送信できます。実際の業務でメールを送信したいときは、このチェックマークを外すと送信まで自動化できます。

[下書きとして保存]のチェック
マークを外すと、メールを送信
できる

88 | できる

現在の行の[Email]列の値を挿入する

宛先として入力される

 **本文の内容を確認するには**

画面では本文の内容が一部しか表示されません。本文の内容をすべて表示したいときは、右側の⊕をクリックして[テキスト]を選択します。このテンプレートでは、本文内の宛先にも、Excelファイルから参照したデータを利用しています。

**1** [本文]の右端にある⊕をクリック

**2** [テキスト]をクリック

[テキストビルダー]ダイアログボックスが表示された

本文を編集した後、[保存]をクリックする

## 操作を繰り返す

[ファイルをコピー]アクティビティから[Outlookメールを送信]アクティビティまでは、[Excelの繰り返し（各行）]の中に記述されています。このため、Excelの最初の行が終わると、次の行、さらに次の行と、データがある行が終わるまで同じ操作が繰り返されます。

次の行に移動する

[ファイルをコピー]アクティビティから[Outlookメールを送信]アクティビティまで同じ操作を繰り返す

**Point**

### 実務に応用しやすいテンプレート

「ExcelからWordテンプレートを完成しメールを作成」は、RPAの恩恵を受けやすい繰り返し処理を実現するためのテンプレートです。実務でも、Excelファイルの表を元に同じような処理を繰り返す業務がよくありますが、こうした処理を自動化できます。StudioXの自動化の入門として最適で、よく使うアクティビティも網羅されているので、まずは、このテンプレートの中身をよく知ることから始めましょう。

# Outlook添付ファイルを保存①

## プロジェクトの全体像を確認しよう

「Outlook添付ファイルを保存」のテンプレートの全体像を見てみましょう。まずは処理の流れをおおまかに把握しておくことが大切です。

## テンプレートを実行する

レッスン㉔を参考に [Outlook添付ファイルを保存]のテンプレートを表示しておく

**1** [実行]をクリック

次のレッスンで各アクティビティの処理と実行結果を確認する

### HINT! 何をするテンプレート？

「Outlook添付ファイルを保存」テンプレートは、Outlookで受信したメールから添付ファイルを取り出します。対象フォルダーに含まれるメールを指定した数だけ順番に確認し、添付ファイル（テンプレートではExcelファイル）がある場合は、ローカルフォルダーに保存します。

1通ずつ順番に処理する

Excel形式の添付ファイルだけを保存する

## テクニック Gmailも利用できる

StudioXでは、Outlookだけでなく、Gmailを使ったメールの処理も実行できます。ただし、Gmailを利用する場合は、StudioXからGmailに対してアクセスする許可が必要です。Google Developer ConsoleでGmail APIの設定を表示した後、Gmailでの接続に必要なOAuth 2.0の情報（クライアントIDとクライアントシークレット）を取得します。

利用するには、Google Developer ConsoleでGmail APIを設定する

Gmailを操作できるようになる

第5章 テンプレートを応用しよう

## 全体像を確認する

**1** ［デザイナー］パネルを下にスクロールして全体像を確認

Outlookを起動する ／ 受信トレイのメールを確認する

```
◎ 1 Outlook アカウントを使用                    ⚙ ∧

これは完全に機能するテンプレートです。このテンプレートを試すには［実行］をクリックしてください（または
F5 キーを押してください）。

◎ アカウント
   既定のメール アカウント                          ▼
   参照名を指定
   Outlook

                         ⊕

  🔁 1.1 繰り返し（メール メッセージ）              ⚙ ∧

  指定したフォルダー内の各メールを処理します。
  対象フォルダーを受信トレイ以外のフォルダーに変更するには、［対象フォルダー］フィールドの
  ［+］アイコンをクリックしてください。

  ↱ 繰り返し
  ◎ CurrentMail
    対象フォルダー
    📧 受信トレイ                               ⊕

    対象のメールの上限数: 最初の
    50                    ▼        ☐ 未読メール

         追加フィルター

                    ⊕

   ✉ 1.1.1 メールの添付ファイルを保存              ∧

   すべての .xls および .xlsx の添付ファイルを「ドキュメント」フォルダー内の
   「Outlook Attachments」フォルダーに保存します。
   - 保存する添付ファイルの種類を変更するには［ファイル名でフィルター］フィールド
   を編集してください。すべての種類の添付ファイルを保存するには値をクリアし空
   白のままにしてください。
   - 別のフォルダーに保存するには［次のフォルダーに保存］フィールドの値を変更して
   ください。

   メール
   CurrentMail                                 ⊕

   ファイル名でフィルター (例: *.xls):
   *.xls*                                       ⊕

   次のフォルダーに保存
   マイ ドキュメント ¥Outlook Attachments          ⊕  📁

                    ⊕

                    ⊕
```

メールにExcelファイルが添付されていたときはファイルを保存する

メールの読み取りと添付ファイルの保存を繰り返す

**28**

プロジェクトの全体像を確認しよう

### どのようなカスタマイズができるの？

保存する添付ファイルは、［メールの添付ファイルを保存］アクティビティにある［ファイル名でフィルター］の項目で指定します。Excelファイル以外の添付ファイルを保存したい場合は、「*.docx（Wordファイル）」や「*.pdf（PDFファイル」などと指定したり、「*請求書*」などファイル名に含まれる文字列を指定します。また、［次のフォルダーに保存］を変更すれば、添付ファイルを保存するフォルダーを変更できます。

### ほかのテンプレートと組み合わせて活用しよう

このテンプレートは指定したファイルをダウンロードするだけですが、前のレッスンで紹介した「ExcelからWordテンプレートを完成しメールを作成」テンプレートを参考にアクティビティを追加すれば、保存したExcelファイルの情報を元に繰り返し処理ができます。またレッスン㉚～㉛を参考にして、保存したExcelのデータを元に業務アプリにデータを入力することもできます。ほかのテンプレートと組み合わせた活用も検討しましょう。

### Point

**メールを使った業務を効率化できる**

「Outlook添付ファイルを保存」テンプレートは、業務に必要なファイルが定期的（日次、週次など）にメールで送られてくる場合に便利なテンプレートです。わざわざメールアプリを開いて、添付ファイルを保存する操作をしなくても、業務に必要なファイルを指定したフォルダーに集めることができます。メールを使った業務の効率化に役立つでしょう。

# Outlook添付
# ファイルを保存②

## アクティビティの動作を確認しよう

「Outlook添付ファイルを保存」テンプレートの中身を詳しく見てみましょう。このレッスンでは、使われているアクティビティを1つずつ解説します。

## ［Outlookアカウントを使用］アクティビティ

［Outlookアカウントを使用］アクティビティは、指定したアカウントでOutlookを使う準備をします。ここでは［既定のメールアカウント］でOutlookを使う準備をし、［Outlook］という参照名で、ほかのアクティビティからメールを操作できるようにします。

利用するメールアカウントを指定する

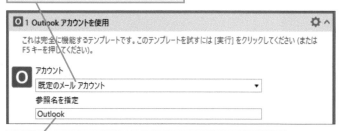

ほかのアクティビティから利用するときの参照名を指定する

### ●動作の詳細について

Outlookが起動する

普段、利用しているアカウントで起動する

［プロパティ］パネルの［未読のみ］のチェックボックスをクリックしてチェックマークを付けてもいい

# [繰り返し（メール メッセージ）] アクティビティ

[繰り返し（メール メッセージ）] アクティビティは、指定したフォルダーにあるメールを指定した上限数まで、1通ずつ繰り返し処理します。どのような操作を繰り返すかは、アクティビティの中に配置した別のアクティビティで指定します。

対象フォルダーのメールを
1件ずつ処理する

「CurrentMail」は順番に繰り返し処理されるメールのうち、処理対象になっているメールを示す

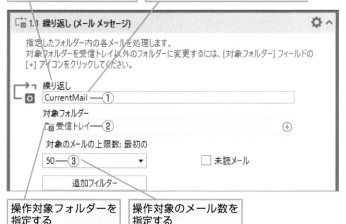

操作対象フォルダーを
指定する

操作対象のメール数を
指定する

## ●動作の詳細について

②のフォルダーにあるメールを、③で指定した数だけ①の現在の行から1行ずつ順番に処理する

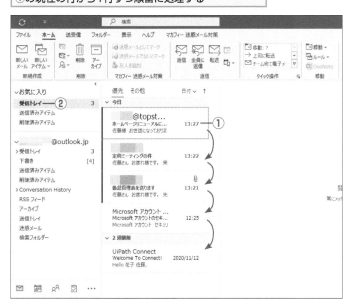

次のページに続く

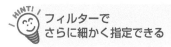

フィルターで
さらに細かく指定できる

以下の方法で [フィルター] ダイアログボックスを表示すると、より細かな条件を設定して、対象とするメールを絞り込めます。例えば、特定の送信元から届いたメールや、特定の期間内に届いたメールなどを指定できます。

**1** [追加フィルター]をクリック

[フィルター] ダイアログボックスで送信元や件名などを設定する

[優先] と [その他] に注意

Outlookでは、受信トレイのメールが自動的に [優先] と [その他] に分類され、通常は [優先] しか表示されません。アクティビティで指定する対象メールの上限数は、[優先][その他]の区別なく、受信トレイにあるすべてのメールが対象となります。このため、[優先] で50通以内に目的のメールが表示されたとしても、必ずしもそのメールが処理対象になるとは限りません。[その他] のメールも含めてカウントされるので、これらも考慮して上限数を決めましょう。

# ［メールの添付ファイルを保存］アクティビティ

［メールの添付ファイルを保存］アクティビティは、メールに添付されているファイルを指定したフォルダーに保存します。［繰り返し（メール メッセージ）］で1通ずつ繰り返し処理される際、現在選択されているメールに添付ファイルがあるかどうかを調べ、条件に合う場合に保存します。

現在、選択されている
メールを示す

添付ファイルの選別
条件を指定する

ここでは、拡張子に「xls」という文字列を含むファイルを指定する

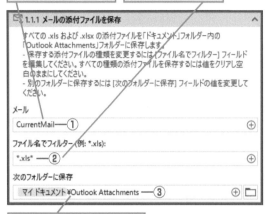

保存先フォルダーを指定する

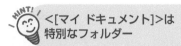
＜［マイ ドキュメント］＞は
特別なフォルダー

＜［マイ ドキュメント］＞は、Windows 10の［ドキュメント］フォルダーを指します。このフォルダーは、場所を示すパスがユーザーごとに違うため、本来であれば実行環境に合わせて設定する必要がありますが、StudioXでは、こうした環境ごとの違いを自動的に判断して正しいパスで扱えるようになっています。このため、作成したプロジェクトを別のパソコンで実行しても、そのユーザーの［ドキュメント］フォルダーを指定できます。

すべての添付ファイルを
保存するには

［ファイル名でフィルター］を空白にすると、繰り返し処理の対象となるすべてのメールに添付されているファイルを保存できます。

## ●動作の詳細について

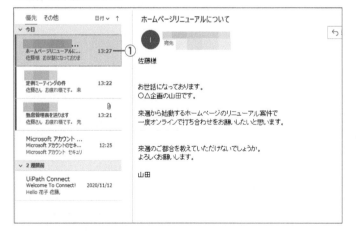

添付ファイルなし、もしくはExcelファイル以外の添付ファイルなら何もしない

第5章 テンプレートを応用しよう

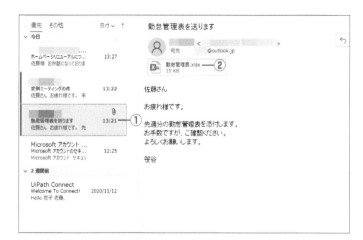

添付ファイルがExcelファイルの場合は、
指定されたフォルダーに保存する

③で指定したフォルダーに②の
Excelファイルを保存する

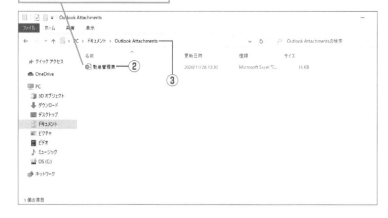

### HINT! 元のファイル名のまま保存される

［メールの添付ファイルを保存］アク
ティビティでは、保存するファイルの
名前は指定できません。メールに添付
されているファイル名のまま指定した
フォルダーに保存します。

## Point

### メール処理の基本を学ぼう

StudioXには、Outlookメールを操作
するためのアクティビティが複数用意
されています。ここでは、添付ファイ
ルを保存しましたが、このほかメール
を保存したり、メールを削除したり、
メールを既読にするなど、いろいろな
処理ができます。［繰り返し（メール
メッセージ）］内の処理を置き換えると、
いろいろな応用が可能です。このテン
プレートでメール処理の基本を身に付
けておきましょう。

# Excelデータを
# Webサイトに入力①

## プロジェクトの全体像を確認しよう

「ExcelデータをWebサイトに入力」テンプレートの全体像を見てみましょう。まずは処理の流れをおおまかに把握しておくことが大切です。

## テンプレートを実行する

レッスン❷を参考に、[ExcelデータをWebサイトに入力]のテンプレートを表示しておく

**1** [実行]をクリック

次のレッスンで各アクティビティの処理と実行結果を確認する

### HINT! 何をするテンプレート？

「ExcelデータをWebサイトに入力」は、Excelファイルの表形式データで、各行の情報をWebサイトに入力できます。表形式のデータを1行ずつ順番に処理し、指定した列のデータをWebブラウザーの指定したテキストボックスに入力できます。

## 全体像を確認する

**1** [デザイナー] パネルを下にスクロールして全体像を確認

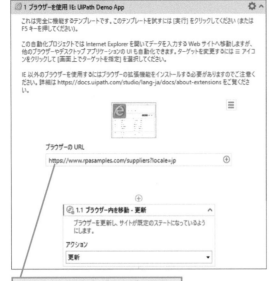

デモサイトをWebブラウザーで開く

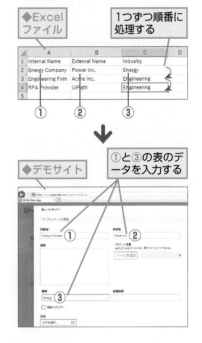

**Excelファイルを開く**

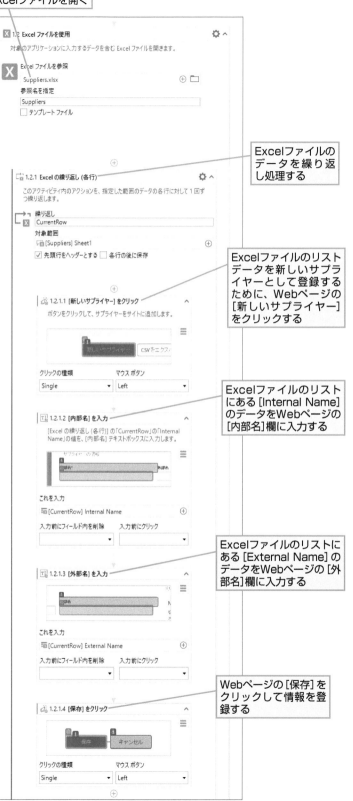

**Excelファイルのデータを繰り返し処理する**

**Excelファイルのリストデータを新しいサプライヤーとして登録するために、Webページの[新しいサプライヤー]をクリックする**

**Excelファイルのリストにある[Internal Name]のデータをWebページの[内部名]欄に入力する**

**Excelファイルのリストにある[External Name]のデータをWebページの[外部名]欄に入力する**

**Webページの[保存]をクリックして情報を登録する**

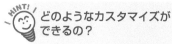 どのようなカスタマイズができるの？

例えば、このテンプレートでは、プロジェクトフォルダー内のExcelファイル[suppliers.xlsx]を編集して、Webサイトに入力するデータを変更できます。また、[ブラウザーを使用]アクティビティにある[ブラウザーのURL]のURLを変更すると、入力先のWebアプリを変更できます。ただし、Webアプリを変更した場合は、画面デザインなどが変更されるため、入力先として指定している場所もすべて変更する必要があります。

**標準ではInternet Explorer 11を使う**

StudioXでは、標準で使うWebブラウザーがInternet Explorer 11に設定されています。事前にInternet Explorer 11を起動して、初期設定を行っておきましょう。ChromeやFirefoxなど、別のWebブラウザーを使って画面を操作したいときは、レッスン㊽を参考に、利用するWebブラウザー向けの拡張機能をインストールする必要があります。

## Point

### アプリを使った情報入力業務に活用できる

「ExcelデータをWebサイトに入力」テンプレートは、Webアプリに対する情報入力業務に活用できるテンプレートです。入力先のWebアプリや元となるExcelデータを変更することで、従業員情報登録業務、顧客情報更新業務、取引情報登録業務、請求書入力業務、経費精算業務など、幅広い業務に活用できます。また、Webアプリだけでなく、デスクトップアプリへの入力にも応用できます。

# Excelデータを Webサイトに入力②

アクティビティの動作を確認しよう

「ExcelデータをWebサイトに入力」の中身を確認していきましょう。使われている各アクティビティが何をしているのかを、1つずつ確認します。

## [アプリケーション/ブラウザーを使用] アクティビティ

[アプリケーション/ブラウザーを使用] アクティビティは、アプリまたはWebブラウザーを操作します。対象のWebブラウザーを指定すると、[デザイナー] パネル上では [ブラウザーを使用] という名前に変更されます。Webブラウザーを操作する場合はURLを指定します。

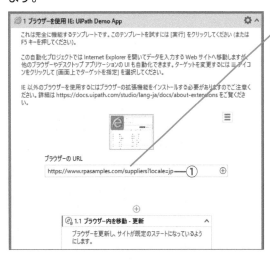

Webブラウザーで開くURLを指定する

### HINT! アプリの操作にも使える

[アプリケーション/ブラウザーを使用] アクティビティは、汎用的なアプリの操作にも使えます。ExcelやOutlookなどのように、専用のアクティビティがないアプリ(自社開発の業務アプリなど)の操作に活用しましょう。

### HINT! タイムアウトを設定できる

通信環境によっては、Webブラウザーの読み込みに時間がかかる場合があります。こうしたケースでは、[プロパティ] パネルで [タイムアウト](規定は30秒)を長く設定しておくと、より確実に操作できます。

●動作の詳細について

UiPath DemoAppのWebページが表示される

### HINT! オープン動作を設定できる

[プロパティ] パネルの [オープン動作]で、Webブラウザーを開くときの動作を設定できます。[Always] は常に新しいWebブラウザーを起動します。[IfNotOpen](既定)はすでにWebブラウザーが起動しているときはそのWebブラウザーでURLを開き、起動していないときは新たに起動します。[Never] はすでに起動しているWebブラウザーを利用し、起動していなくても新たに起動しません。

## ［ブラウザー内を移動］アクティビティ

［ブラウザー内を移動］アクティビティは、Webブラウザーを実行します。ここでは画面を更新（ページを再読み込み）しています。UiPathでは、ページ上の要素を指定して画面を自動操作します。対象となるボタンやデータを確実に操作できる（指定できる）ようにするため、更新処理によって画面を初期化しています。

Webブラウザーの操作を指定する

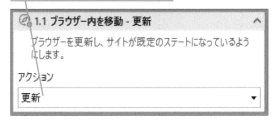

●動作の詳細について

表示したWebページが更新され、データが初期化される

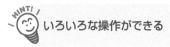

いろいろな操作ができる

［ブラウザー内を移動］アクティビティでは、［更新］に加えて、［前に戻る］［次に進む］［ホームに移動］［タブを閉じる］といった操作を指定できます。

待機時間を設定できる

［ブラウザー内を移動］アクティビティの［プロパティ］パネルでは、操作前や操作後の待機時間を設定できます（既定では実行前0.2秒、実行後0.3秒待機）。例えば、［更新］で画面を再読み込みしたときに、画面上のボタンやデータなどの要素が瞬時に表示されるとは限りません。これらの要素を指定した処理が確実に実行されるように、一定の待機時間を設定し、画面を確実に操作できる状態にしてから前後の処理を実行できます。

実行前後の待機時間を設定する

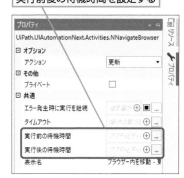

次のページに続く

## ■ [Excelファイルを使用] アクティビティ

[Excelファイルを使用] アクティビティは、Excelファイルを扱うためのアクティビティです。ここでは、Webアプリに入力する元データが保存されているExcelファイル [Suppliers.xlsx] を開き、そのデータを「Suppliers」という参照名でほかのアクティビティから使えるようにします。

開くExcelファイルを指定する

Excelファイルから読み込んだ表データを一時的に保管し、ほかのアクティビティから使えるようにする

### ●動作の詳細について

[Excelファイルを使用]で指定された
Excelファイル

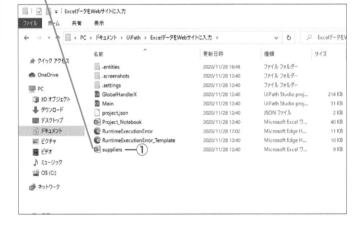

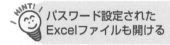
### パスワード設定された
### Excelファイルも開ける

Excelファイルにパスワードが設定されているときは、[プロパティ] パネルの [パスワード] にExcelファイルを開くためのパスワードを設定します。

パスワード付きのExcelファイルを
開く場合は、[パスワード]に入力
する

### プロジェクトと同じ
### フォルダーのファイルを使う

ここでは、プロジェクトファイルと同じフォルダーに保存されているExcelファイル [Suppliers.xlsx] を使うため、ファイル名の指定のみで動作させることができます。もし、別のフォルダーにあるファイルを使うときは、[ファイルを参照] をクリックして、「C:¥work¥data.xlsx」のように該当のファイルが存在するフォルダーのパスを含めた形式でファイルを指定します。

第5章 テンプレートを応用しよう

## ■ [Excelの繰り返し（各行）] アクティビティ

[Excelの繰り返し（各行）] アクティビティは、Excelファイルの表データを1行ずつ上から順番に繰り返し処理します。ここでは、先に参照先として指定されたExcelファイル [Suppliers] の [Sheet1] にある表データを順番に処理します。

テーブルのデータを1行ずつ
順番に処理する

[CurrentRow] は順番に繰り返し処理される
行のうち、処理対象になっている行を示す

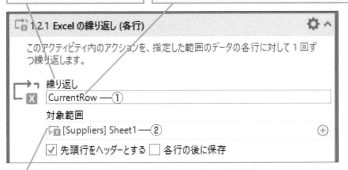

操作対象となるデータ範囲を指定する。ここでは
[Excelファイルを使用] アクティビティで一次的に
保存した [Supplies] の [Sheet1] シートを指定する

### ●動作の詳細について

②の [Sheet1] にあるデータ①の現在の
行から、1行ずつ順番に処理される

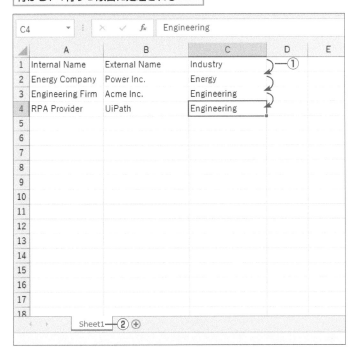

### ヘッダーの扱いに注意

ここでは [先頭行をヘッダーとする] のチェックボックスにチェックマークが付いているため、表の先頭行は処理の対象から除外されます。もし、Excelファイルの表に見出し行がないときは、[先頭行をヘッダーとする] のチェックボックスをクリックしてチェックマークを外し、先頭行も処理に含むようにする必要があります。

### テーブルでなくても扱える

StudioXでは、Excelファイルのデータが通常の表の場合と、テーブルとして書式設定されている場合のどちらも扱えます。通常の表は、このレッスンで紹介するテンプレートのように、Excelのワークシートに値（と見出し）が入力されているだけのシンプルなデータです。こうしたデータでも、アクティビティでシートを指定するだけで自動的に表の範囲を判断してすべてのデータを扱えます。一方、テーブルはワークシートの範囲を指定して、Excelで [テーブルとして書式設定] を実行したデータです。テーブルとして設定すると、テーブルに名前を付ければStudioXからテーブル名でデータを指定できるようになるなど、データを扱いやすいというメリットがあります。

次のページに続く

## [[新しいサプライヤー] をクリック]

[クリック] アクティビティは、画面上の指定した要素をマウスでクリックします。操作対象を指定すると、[デザイナー] パネル上では[[○○] をクリック] と名前が変わります。ここでは、サプライヤーを新しく追加するためにWebページの [新しいサプライヤー] をクリックします。

クリックする場所を指定する

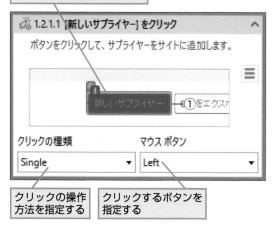

クリックの操作方法を指定する

クリックするボタンを指定する

●動作の詳細について

ここをクリックする

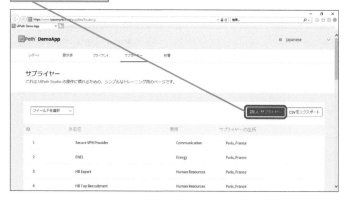

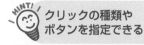

**HINT!** クリックの種類やボタンを指定できる

[クリック] アクティビティにある [クリックの種類] では、クリック方法を指定できます。標準では [Single] (シングルクリック) ですが、[Double] (ダブルクリック) や [Down] (ボタンを押したとき) のほか、[Up] (指を離したとき) も指定できます。また、[マウス ボタン] では、操作するボタンを[Left] [Right] [Middle] から選択できます。

**HINT!** クリックする場所は画面上で直接指定できる

クリックするボタンやリンクは、Webブラウザーの画面で直接指定できます。アクティビティを配置後、[画面上でターゲットを指定] をクリックすると、実際にクリック先を指定できるようになります。操作対象のWebブラウザーやアプリを起動した状態で指定しましょう。

第5章 テンプレートを応用しよう

## [[内部名] を入力]

[文字を入力] アクティビティは、画面上の指定した部分にデータを入力します。入力する場所を指定すると、[デザイナー] パネル上では [[○○] を入力] と名前が変わります。ここでは、Excelファイルにある [Internal Name] 列のデータを、Webページの [内部名] に入力します。

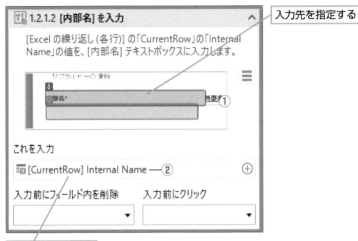

入力先を指定する ①

入力するデータを指定する

●動作の詳細について

Webページの①のテキストボックスに、現在の行にある②の [Internal Name] の値を指定する

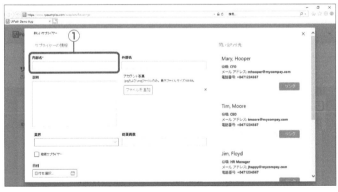

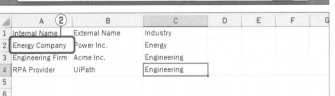

### 入力前の処理を指定できる

[入力前にフィールド内を削除] を指定すると、入力先に入力されているデータ（サンプルや入力補助用のデータなど）を削除してから新しいデータを入力できます。また、[入力前にクリック] を設定すると、データを入力する前にマウスで入力欄をクリックしてアクティブな状態にできます。

### アンカーで指定される

StudioXでは、アクティビティから画面上の操作対象を指定する際に、アンカーを自動的に設定します。アンカー（🔗）は、操作対象を一意に特定するために使う目印です。ここでは [内部名] というタイトルが指定されています。画面上に似たようなテキストボックスがたくさんある場合でも、確実に入力先として特定できます。

◆アンカー

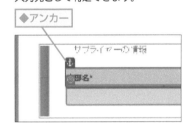

次のページに続く

## ■ [[外部名] を入力]

[文字を入力] アクティビティを使って画面上の指定した部分にデータを入力します。ここでは、Excelファイルにある [External Name] 列のデータを、Webページの [外部名] 欄に入力します。

入力先を指定する

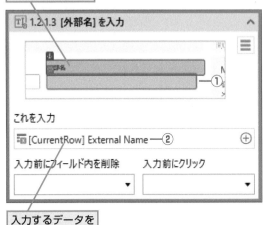

入力するデータを指定する

### ●動作の詳細について

Webページの①のテキストボックスに、現在の行にある②の[External Name]の値を指定する

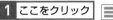

### HINT! 同じ行の別の列のデータを参照する

このテンプレートでは、[内部名] を入力と[[外部名]を入力]の両方が[Excelの繰り返し（各行）] アクティビティの中に配置されています。このためどちらの[文字を入力]アクティビティでも、[CurrentRow] で指定されたExcelファイルの行が同じになります。現在処理されている行の別の列 [External Name] の値が入力されます。

### HINT! 入力先を間違えたときは

入力先の指定を間違えたときは、Webブラウザーで操作対象の画面を開いた状態で、[[内部名] を入力] や [[外部名] を入力] にある☰をクリックします。表示されたメニューから [画面上でターゲットを指定] を選択して、クリックする場所を指定し直します。

**1** ここをクリック ☰

[画面上でターゲットを指定 (I)]
ターゲットを編集 (E)

**2** [画面上でターゲットを指定] をクリック

Webページで操作対象を選び直す

第5章 テンプレートを応用しよう

## ■ [[保存] をクリック]

[クリック] アクティビティを使って、Webページ上の [保存] を
クリックします。この操作により、入力した値を保存できます。

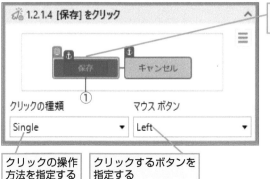

クリックする場所
を指定する

クリックの操作
方法を指定する

クリックするボタンを
指定する

●動作の詳細について

ここをクリックする

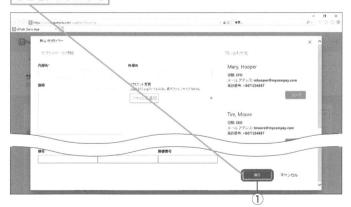

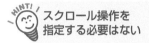

### スクロール操作を指定する必要はない

操作対象のボタンやテキストボックス
がWebブラウザーのウィンドウ内に表
示されていなくてもスクロール処理を
追加する必要はありません。ページ内
の要素として表示されていれば、ペー
ジの下などにある要素も問題なく指定
できます。ただし、[クリック] アクティ
ビティで実際にクリック先を指定する
ときは、あらかじめ画面をスクロール
して、クリック先を画面上で指定でき
るようにしておく必要があります。

## ■ 繰り返し

[[新しいサプライヤー] をクリック] から [[保存] をクリック] ま
でのアクティビティは、[Excelの繰り返し（各行）] アクティビティ
の中に記述されています。このため、Excelファイルにある最初の
行の処理が終わると、次の行、さらに次の行と、データがある行が
終わるまで同じ操作が繰り返されます。

次の行に移動する

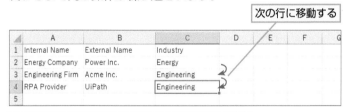

[[新しいサプライヤー] をクリック] から [[保存] を
クリック]まで同じ操作を繰り返す

## Point

### いろいろな業務に応用できる

「ExcelデータをWebサイトに入力」は、
いろいろな業務に応用しやすいテンプ
レートです。ここではUiPath Demo
AppのWebサイトを利用しましたが、
操作対象を普段の業務で使っているク
ラウドサービスや業務アプリに変更し
たり、実際の業務データを用意したり
すれば、すぐに業務に応用できます。
処理内容も、一件複雑そうですが、よ
く見るとシンプルなクリックや入力の
繰り返しです。こうしたシンプルな繰
り返し作業こそStudioXでの自動化に
向いている業務といえます。

# Excelシートを複数のシートに分割①

プロジェクトの全体像を確認しよう

「Excelシートを複数のシートに分割」テンプレートの全体像を見てみましょう。まずは処理の流れをおおまかに把握しておくことが大切です。

## テンプレートを実行する

レッスン㉔を参考に [Excelシートを複数のシートに分割]のテンプレートを表示しておく

**1** [実行]をクリック

次のレッスンで各アクティビティの処理と実行結果を確認する

## 全体像を確認する

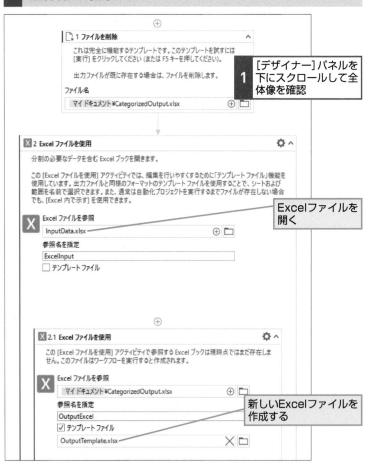

**1** [デザイナー]パネルを下にスクロールして全体像を確認

Excelファイルを開く

新しいExcelファイルを作成する

### 何をするテンプレート？

「Excelシートを複数のシートに分割」は、元となるExcelにまとめて保存されているデータを、条件によって分類されたデータごとに別々のワークシートに分けて、1つのExcelファイルとして保存するテンプレートです。ワークシートを分割するだけでなく、別のExcelファイルとして保存し直します。

◆元のExcelファイル

3つの国のデータが1つの表にある

◆新しいExcelファイル

各国のデータを3つのワークシートに分割する

第5章 テンプレートを応用しよう

### 2.1.1 シート名を変更

既定の名前「Sheet1」を、シートに含まれるデータに即した分かりやすい名前に変更します。

変更するシート

[OutputExcel] Sheet1　　　　　　　　⊕

新しいシート名

France　　　　　　　　　　　　　　　⊕

> 新しいExcelファイルのシート名を変更する

### ▽ 2.1.2 フィルター

ソースシートをフィルター処理し、1つ目のデータカテゴリを抽出します。
フィルターのプロパティを設定するには[フィルターを設定]をクリックしてください。

元の範囲

[ExcelInput] Sheet1　　　　　　　　　⊕

列の名前

Country　　　　　　　　　　　　　　⊕

　　フィルターを設定　　　　　□ 既存のフィルターをクリア

> 元のExcelファイルから[France]のデータを抽出する

### 2.1.3 範囲をコピー/貼り付け

ヘッダー行をソースシートから新しいシートにコピーします。

元の範囲

[ExcelInput] Sheet1　　　　　　　　　⊕

対象範囲

[OutputExcel] France　　　　　　　　⊕

コピーする内容

All　　　　　　　　　　　　　　　　▼

□ 行/列の入れ替え

> 新しいExcelファイルに貼り付ける

### 2.1.4 テーブルとして書式設定

「France」シートのデータをテーブルとして書式設定します。この範囲にヘッダーがない場合は、画面右上の[プロパティ]パネルで設定を変更できます。

対象範囲

[OutputExcel] France　　　　　　　　⊕

新しいテーブル名

Table_France　　　　　　　　　　　　⊕

> 新しくコピーしたデータをテーブルとして設定する

### 2.1.5 シートを挿入

別のデータカテゴリ用に2枚目のシートを作成します。

シートを作成するブック

[OutputExcel]　　　　　　　　　　　⊕

シート名

　　フィルターを設定　　　　　□ 既存のフィルターをクリア

### 2.1.10 範囲をコピー/貼り付け

元の範囲

[ExcelInput] Sheet1　　　　　　　　　⊕

対象範囲

[OutputExcel] USA　　　　　　　　　⊕

コピーする内容

All

□ 行/列の入れ替え

> 同様に[Germany][USA]のデータを新しいExcelのシートにコピーする

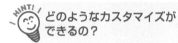

### どのようなカスタマイズができるの？

データを分類するための条件をカスタマイズすることができます。元データからデータを抽出するための[フィルター]アクティビティの条件を変更すれば、さまざまなデータに対応できます。

**32**

プロジェクトの全体像を確認しよう

## Point

### データ集計業務に活用できる

「Excelシートを複数のシートに分割」テンプレートは、いろいろなデータが単一のワークシートにまとめて記録されている元データから、必要なデータだけを抽出したり、カテゴリー別にワークシートを分けて整理したりする業務に適しています。例えば、売上データを地域や店舗、担当者別に集計したり、ログデータから特定の情報のみを抽出したりできます。

## Excelシートを複数の
## シートに分割②

### アクティビティの動作を確認しよう

「Excelシートを複数のシートに分割」の中身を確認していきましょう。使われている各アクティビティが何をしているのか1つずつ確認します。

### ■[ファイルを削除] アクティビティ

[ファイルを削除] アクティビティは、指定したファイルを削除します。ここでは、業務で繰り返し処理を実行することを想定し、分割処理をする前に、前回作成された出力ファイルを削除します。

削除するファイルを指定する

●動作の詳細について

前回実行したときに作成された
ファイルが削除される

▶キーワード

| Excel | p.181 |
|---|---|
| テーブル | p.184 |
| テンプレート | p.184 |

どうして削除するの？

このテンプレートではシート名を変更する処理が含まれています。同じ名前のシートが存在するとエラーが発生するため、Excelファイルを削除して初期化しています。

ワイルドカードは使えない

[ファイルを削除]アクティビティでは、削除対象のファイルを明確に指定する必要があります。「*」などのワイルドカードを使って複数のファイルをまとめて削除することはできません。

第5章 テンプレートを応用しよう

## ［Excelファイルを使用］アクティビティ

［Excelファイルを使用］アクティビティは、Excelファイルを扱います。ここでは、元データが格納されているExcelファイル［InputData.xlsx］を開き、そのデータを「ExcelInput」という参照名で使えるようにします。

開くExcelファイルを
指定する

### ●動作の詳細について

Excelファイルから読み込んだ表データを一時的に保管し、
ほかのアクティビティから使えるようにする

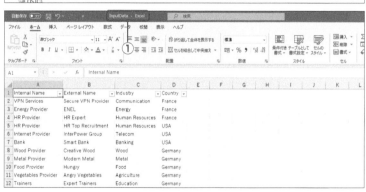

さまざまな国のサプライヤー企業が記録されている

次のページに続く

参照名が変更されている点に
注意

このテンプレートには、［Excelファイルを使用］アクティビティが複数配置されています。アクティビティから操作対象となるExcelデータを指定するとき、どのExcelファイルなのか（入力元なのか出力先なのか）を明確にする必要があるため、ここではインプット用には「ExcelInput」、アウトプット用には「ExcelOutput」という参照名を使用しています。それぞれのアクティビティで参照名を変更することで、間違えて指定しないように工夫しています。

「変更を保存しますか？」と
表示されたときは

すでにプロジェクトを開いている状態で、［ホーム］画面の［開く］から新たに別のプロジェクトを開こうとすると、「変更を保存しますか？」というメッセージ画面が表示されることがあります。これは、現在、表示中のプロジェクトの内容が変更されているため、保存する必要があるかどうかを尋ねるものです。変更を保存したい場合は［はい］を、保存したくない場合は［いいえ］を、新しいプロジェクトを開くのをやめて元のプロジェクトに戻りたいときは［キャンセル］をクリックしましょう。

## ■ [Excelファイルを使用] アクティビティ

[Excelファイルを使用] アクティビティで、もう1つExcelファイルを扱えるようにします。分類したデータを保存するExcelファイル [CategorizedOutput.xlsx] を開き、そのデータを「Output Excel」という参照名で使えるようにします。

開くExcelファイルを指定する

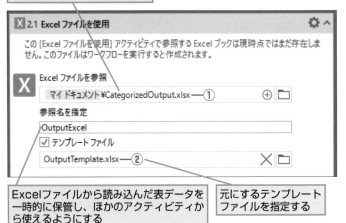

Excelファイルから読み込んだ表データを一時的に保管し、ほかのアクティビティから使えるようにする

元にするテンプレートファイルを指定する

●動作の詳細について

テンプレートを実行すると、[ドキュメント] フォルダーに [CategorizedOutput] が作成される

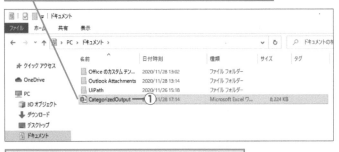

このファイルを元に①の [CategorizedOutput] が作成される

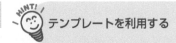

### テンプレートを利用する

ここで作成する新しいExcelファイル [CategorizedOutput.xlsx] は、作成済みのテンプレートファイル [Output Template.xlsx] を元に作成されます。このようにテンプレートを指定すると、新しいファイルにシート名や見出しがない状態（シート名変更やシート追加処理が行われる前の状態）でも、テンプレートの情報を元に、アクティビティから入力先などにシート名などを指定できます。

### 新しいファイルとして作成される

このテンプレートでは、先頭の [ファイルを削除] アクティビティで以前の [CategorizedOutput.xlsx] が削除され、ここで新しく同じ名前の [CategorizedOutput.xlsx] が新しく作成されます。このように新しいファイルを用意すれば、前回実行時の結果が影響しないようになります。

新しいファイル①を作成し、ワークシートごとにサプライヤーを分類して保存する

シート名などは設定されていないが、テンプレートを元にシート名などでの参照が可能となる

HINT! 日本語のシート名でも大丈夫

このテンプレートでは「France」と英字表記でシートを指定していますが、「フランス」などのように日本語でシート名を指定しても問題ありません。なお、シート名には使えない文字（:\?[]/*）があります。こうした文字を指定しないように注意しましょう。

## [シート名を変更] アクティビティ

指定したExcelファイルのシート名を変更するアクティビティです。[新しいシート名]に指定した名前に変更します。元データから抽出した国ごとのデータをシートごとに分割するため、まずは標準の[Sheet1]を[France]という名前に変更します。

変更したいワークシートを指定する

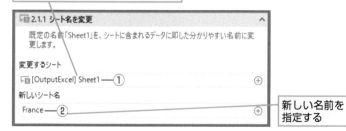

新しい名前を指定する

● 動作の詳細について

[CategorizedOutput]のシート名を変更する

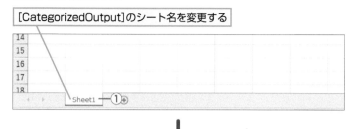

シート名が[France]に変更された

次のページに続く

## ［フィルター］アクティビティ

［フィルター］アクティビティは、Excelファイルの指定した範囲から、指定した条件のデータを抽出します。ここでは、［Country］列の値が［France］に等しいデータを抽出しています。

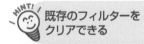
**既存のフィルターをクリアできる**

あらかじめフィルターが設定されているExcelファイルを利用するときは、［既存のフィルターをクリア］のチェックボックスをクリックしてチェックマークを付けて、設定されているフィルターを無効にしてから、ここで設定したフィルターを適用します。

対象となるデータの範囲を指定する

フィルターを適用したい列を指定する

［フィルターを設定］をクリックして［フィルター］ダイアログボックスを表示する

フィルターの値を指定する

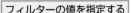

ここでは、［France］と入力されたデータのみを抽出する

### ●動作の詳細について

①で指定した範囲から②と③で指定した条件のデータを抽出する

［France］のデータのみが抽出される

第5章 テンプレートを応用しよう

## [範囲をコピー/貼り付け] アクティビティ

[範囲をコピー/貼り付け] アクティビティは、Excelファイルの指定した範囲のデータをコピーし、[対象範囲] で指定した別の範囲に貼り付けます。ここでは、[France]でフィルターしたデータをコピーし、出力用ファイル [CategorizedOutput.xlsx] の [France] シートに貼り付けます。

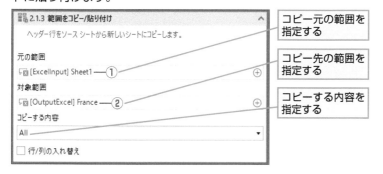

コピー元の範囲を指定する

コピー先の範囲を指定する

コピーする内容を指定する

●動作の詳細について

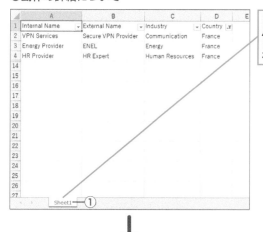

[InputData] でフィルターが適用された [Sheet1] のデータをコピーする

↓

[CategorizedOutput]の[France]シートにコピーされる

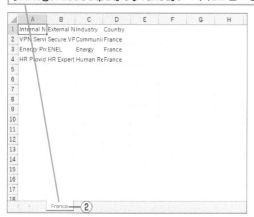

## コピーする内容を選択できる

[コピーする内容]では次の項目を選択できます。どのような情報をコピーするかを指定しましょう。標準では[All]ですべての情報をコピーします。

・ALL：すべての情報
・Values：値
・Formulas：式
・Formats：書式

**1** [▼]をクリック

**2** コピーする内容の範囲を選択

## 行と列を入れ替えられる

[行/列の入れ替え]をオンにすると、コピーした情報の行と列を入れ替えた状態で貼り付けることができます。表の形式を変更したいときに利用するといいでしょう。

33

アクティビティの動作を確認しよう

次のページに続く

## ［テーブルとして書式設定］アクティビティ

［テーブルとして書式設定］アクティビティは、Excelファイルの指定した範囲をテーブルとして設定します。ここでは、出力用Excelファイル［CategorizedOutput.xlsx］の［France］シートに貼り付けたデータを、［Table_France］という名前のテーブルとして設定しています。

対象となるデータの範囲を指定する

テーブル名を指定する

●動作の詳細について

①で指定したデータがテーブルとして書式設定される

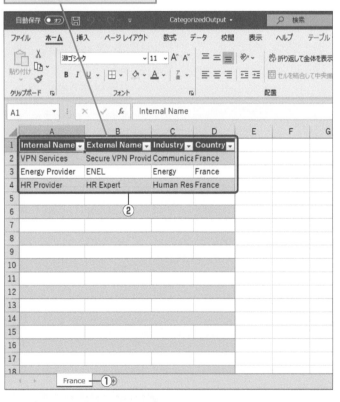

### ヘッダーを含むかどうかを指定できる

［プロパティ］パネルで［ヘッダーを含む］のチェックボックスにチェックマークが付いている場合（標準でチェックマークあり）、表の先頭行がヘッダーとして設定されます。この例のように先頭行が見出しとして使われているときは、標準設定（オン）のままで構いませんが、表に見出しがない場合はオフにしておきましょう。

先頭が見出しの場合は［ヘッダーを含む］のチェックボックスにチェックマークを付けておく

### どうしてテーブルにするの？

テーブルに設定すると、StudioXのアクティビティからテーブル名でデータの範囲を指定したり、見出し名でテーブルのデータを参照したりできます。アクティビティから参照するデータを分かりやすく指定できるので便利です。

## ［シートを挿入］アクティビティ

［シートを挿入］アクティビティは、Excelファイルに新しいワークシートを挿入します。ここでは、出力用ファイル［Categorized Output.xlsx］に新しく抽出するデータを貼り付けるための［Germany］シートを追加します。

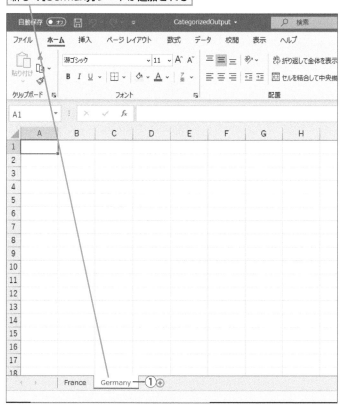

ワークシートを作成するExcelファイルを指定する

追加するシート名を指定する

●動作の詳細について

新しく［Germany］シートが追加される

### 名前付きで挿入できる

［シートを挿入］アクティビティでは、挿入するワークシートに名前を付けることができます。このため、前のアクティビティのように［シート名を変更］アクティビティで名前を変える必要はありません。最初から、使いたいシート名でワークシートを追加できます。

次のページに続く

## ■ [フィルター] アクティビティ

[フィルター] アクティビティを利用して、入力元のExcelファイル
から、新しいデータを抽出します。ここでは、[Country] 列の値が
[Germany] に等しいデータを抽出しています。

対象となるデータの範囲を指定する

> フィルターを
> 適用したい列
> を指定する

[フィルターを設定]をクリックして[フィルター]
ダイアログボックスを表示する

フィルターの値を指定する

ここでは、[Germany]と入力されたデータのみを抽出する

●動作の詳細について

[Germany]のデータのみが抽出される

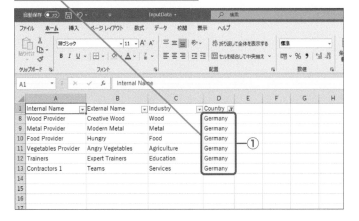

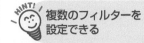
複数のフィルターを
設定できる

[フィルター] ダイアログボックスにあ
る [＋追加] をクリックすると、複数
の条件を指定できます。このとき、複
数の条件は「または (or)」で判断さ
れます。つまり、指定した条件のどれ
かが一致したデータが抽出されます。

**1** [＋追加]をクリック

追加条件を設定できる

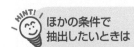
ほかの条件で
抽出したいときは

ほかの条件で抽出するときは、[フィ
ルター] アクティビティの [列の名前]
と [フィルター] ダイアログボックス
の [値] の両方を変更します。[列の
名前] でどの列のデータに対してフィ
ルターを設定するのかを設定し、[値]
でどのような条件に一致するデータを
抽出するのかを設定します。

## [範囲をコピー /貼り付け] アクティビティ

[範囲をコピー /貼り付け] アクティビティで、抽出した範囲のデータをコピーし、別の範囲に貼り付けます。ここでは、[Germany]でフィルターしたデータをコピーし、出力用ファイル [Categorized Output.xlsx] の [Germany] シートに貼り付けます。

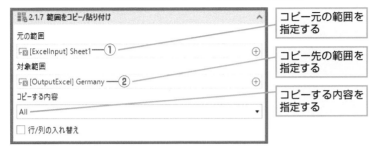

コピー元の範囲を指定する①

コピー先の範囲を指定する②

コピーする内容を指定する

●動作の詳細について

[InputData] でフィルターが適用された [Sheet1]のデータをコピーする

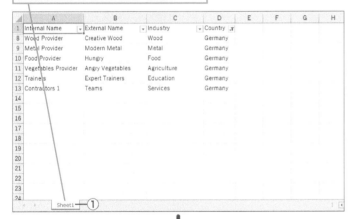

[CategorizedOutput] の [Germany] シートにコピーされる

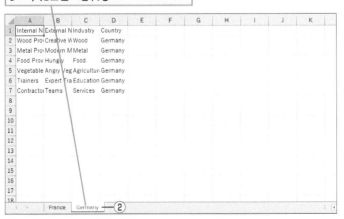

次のページに続く

 既存のワークシートの末尾に データを貼り付けるには

[範囲をコピー /貼り付け] アクティビティは、指定した範囲にデータをコピーします。この例では対象範囲としてワークシートを指定しているので、仮に既存のワークシートにデータがあったとしても上書きされてしまいます。既存のデータの末尾に新しいデータを貼り付けたいときは、[範囲を追加] アクティビティを利用します。ただし、既存のデータによっては、表の最後の行にデータが追加されてしまうので、既存のデータをテーブルとして設定してからデータを追加することをおすすめします。

[次の範囲の後に追加] で指定したデータの後に [追加する範囲] で指定したデータが追加される

## ■ [シートを挿入] アクティビティ

[シートを挿入] アクティビティで、さらにExcelファイルに新しいワークシートを挿入します。ここでは、出力用ファイル [CategorizedOutput.xlsx] に新しく抽出するデータを貼り付けるための [USA] シートを追加します。

シートを作成するExcelファイルを指定する

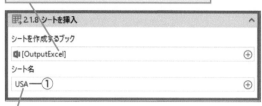

追加するシート名を指定する

### ●動作の詳細について

新しく [USA] シートが追加される

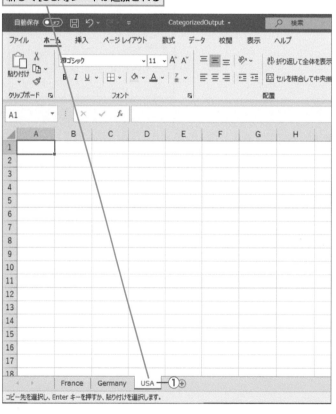

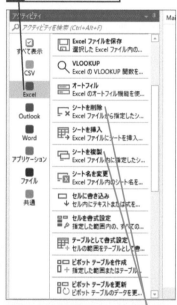

**HINT!**

### ワークシートを削除したり複製したりするには

ワークシートを削除したいときは [シートを削除] アクティビティを利用します。[削除するシート] で対象のシートを指定しましょう。一方、ワークシートを複製したいときは [シートを複製] アクティビティを利用します。[複製するシート] に複製元、[新しいシート名] に複製先の新しいシート名を指定しましょう。

画面右の [アクティビティ] パネルからアクティビティを追加する

**1** [Excel] をクリック

[シートを削除] アクティビティや [シートを複製] アクティビティを配置する

第5章 テンプレートを応用しよう

## ■ [フィルター] アクティビティ

[フィルター] アクティビティを利用して、入力元のExcelファイルから、新しいデータを抽出します。ここでは、[Country] の列が [USA] に等しいデータを抽出しています。

対象となるデータの範囲を指定する

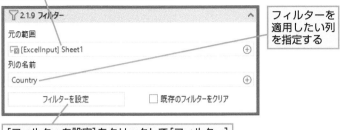

フィルターを適用したい列を指定する

[フィルターを設定]をクリックして[フィルター]ダイアログボックスを表示する

フィルターの値を指定する

ここでは、[USA]と入力されたデータのみを抽出する

### ●動作の詳細について

[USA]のデータのみが抽出される

<br>

### 高度なフィルターを利用できる

[フィルター]ダイアログボックスで[高度なフィルター] を選択すると、より複雑な条件でデータを抽出できます。[基本的なフィルター] では [または] のみですが、[高度なフィルター] では [および] を選択できるうえ、以下のように操作すれば多彩な条件式を利用できます。

[フィルター] ダイアログボックスを表示しておく

**1** [高度なフィルター]をクリック

**2** [なし]をクリック

条件式を詳細に設定できる

次のページに続く

## ［範囲をコピー／貼り付け］アクティビティ

［範囲をコピー／貼り付け］アクティビティで、抽出した範囲のデータをコピーし、別の範囲に貼り付けます。ここでは、［USA］でフィルターしたデータをコピーし、出力用ファイル、［Categorized Output.xlsx］の［USA］シートに貼り付けます。

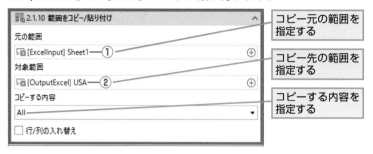

●動作の詳細について

［InputData］でフィルターが適用された
［Sheet1］のデータをコピーする

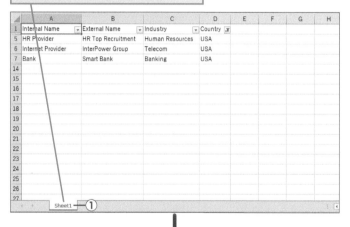

［CategorizedOutput］の［USA］シートにコピーされる

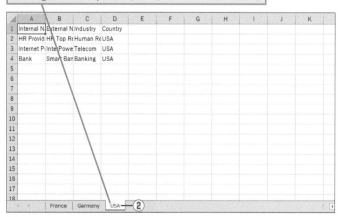

### データを並べ替えるには

Excelのデータを並べ替えたいときは［範囲を並べ替え］アクティビティを使います。［範囲］にExcelのワークシートを選択し、［列の並べ替えを追加］をクリックして、並べ替えたい列と方向を［Ascending］（昇順）または［Descending］（降順）で指定します。

［External Name］の列が昇順で
並べ替えられるようになる

## Point

### Excel操作の自動化の基本を覚えられる

このテンプレートは、同じような操作の繰り返しが多く登場しますが、その中にはワークシートの操作、データの抽出、コピー／貼り付けなど、Excelファイルでよく使うアクティビティが含まれています。集計業務などでExcelファイルのデータはよく扱うので、こうしたアクティビティの使い方を覚えておくと役立つでしょう。また、レッスン㉖〜㉗では、Excelファイルのデータを元にWordファイルを作成しましたが、こうしたデータをあらかじめ用意するときにもこのテンプレートのノウハウが役立ちます。

### テクニック プロジェクトノートブックを活用しよう

StudioXには、プロジェクトフォルダーに [Project_Notebook.xlsx] という特別なExcelファイルが自動生成されます。このファイルは、StudioXで開発する際に、よく使う機能を簡単に使えるようにした便利な機能です。[Date] [Text] [Number] [File] という4つのワークシートがあり、それぞれ日付の変換、テキストの変換、数値の変換、ファイル名の変換などに活用できます。例えば、[Date] シートでは、以下の表のように今日の日付や先月の最終日など請求書処理などでよく使う日付を簡単に利用できます。

いろいろな機能が使えるワークシートが用意されている

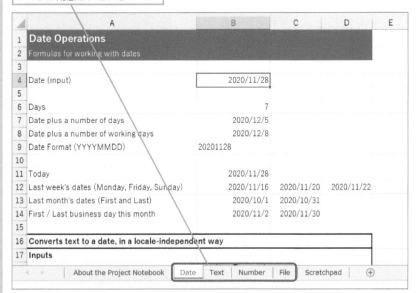

### ●各シートの機能

| シート名 | 内容 |
|---|---|
| Date | 日付の形式を変更 |
| Text | 英語名の姓名の分離や大文字小文字の変換など |
| Number | 整数化や小数点以下の桁指定、カンマと小数点の変換 |
| File | フィル名から拡張子やパスを取り出し |

### ● [Date] シートでできること

| 機能名 | 詳細 |
|---|---|
| Date plus a number of days | 指定日に指定日数を足した日付 |
| Date plus a number of working days | 指定日に指定日数を足した稼働日の日付 |
| Date Format (YYYYMMDD) | 20200829と数字のみの形式で表示 |
| Today | 今日の日付 |
| Last week's dates (Monday, Friday, Sunday) | 先週月曜、先週金曜、先週日曜の日付 |
| Last month's dates (First and Last) | 先月の初日の日付、先月の最終日の日付 |
| First / Last business day this month | 今月の稼働日の初日の日付、今月の稼働日の最終日の日付 |
| Converts text to a date, in a locale-independent way | 指定した日付から数字部分のみを取り出す |

# リッチHTML形式の
# メールを作成①

## プロジェクトの全体像を確認しよう

「リッチHTML形式のメールを作成」テンプレートの全体像を見てみましょう。まずは処理の流れをおおまかに把握しておくことが大切です。

## テンプレートを実行する

レッスン㉔を参考に［リッチHTML形式のメールを作成］のテンプレートを表示しておく

**1** ［実行］をクリック

次のレッスンで各アクティビティの処理と実行結果を確認する

## 全体像を確認する

**1** ［デザイナー］パネルを下にスクロールして全体像を確認

テンプレートをコピーして新しいWordファイルを開く

データの元となるExcelファイルを開く

### HINT! 何をするテンプレート？

「リッチHTML形式のメールを作成」テンプレートは、Wordファイルの文書を元にOutlookのHTMLメールを作成するテンプレートです。Wordファイルに、Excelファイルからテーブルデータ、テンプレートのフォルダーから画像ファイルを自動的に挿入し、その文書を元にHTMLメールを作成し、Outlookの下書きメールとして保存します。

◆Excelファイル

UI StudioX ◆画像ファイル

◆Wordテンプレート

Excelの表を挿入する

画像を挿入する

◆Outlook

Wordテンプレートからメールを作成し、下書きとして保存する

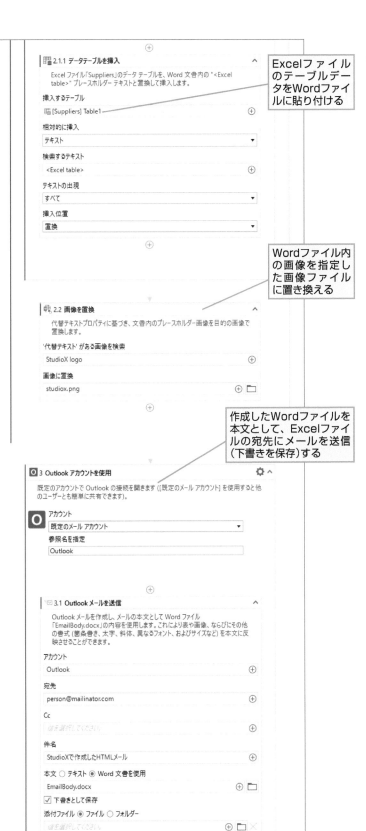

Excelファイル
のテーブルデー
タをWordファイ
ルに貼り付ける

Wordファイル内
の画像を指定し
た画像ファイル
に置き換える

作成したWordファイルを
本文として、Excelファイ
ルの宛先にメールを送信
（下書きを保存）する

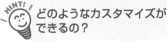

## HINT! どのようなカスタマイズができるの？

テンプレートのフォルダー内にある
Wordファイル［EmailTemplate.docx］
を編集して、完成後のHTMLメールの
文書を変更できます。また、挿入する
Excelファイルの表や画像ファイルを
置き換えれば、最終的にHTMLメール
内に表示される表や画像の変更もでき
ます。

## Point

### メールの配信業務に活用できる

「リッチHTML形式のメールを作成」テ
ンプレートは、ニュースレターや業務
報告など、決まった形式のメールを定
期的に配信する業務に適したテンプ
レートです。こうした業務では、タイ
トルや本文などの毎回共通した部分
と、配信のたびに変更する部分がはっ
きりしているため、ベースのWordファ
イルを元に必要がある部分だけを
StudioXで置き換えます。なお、最終
的にはメールの本文を作成しますが、
下書きとして保存するため、実行して
も実際にメールが送信されることはあ
りません。

# リッチHTML形式の
# メールを作成②

## アクティビティの動作を確認しよう

「リッチHTML形式のメールを作成」の中身を確認していきましょう。使われている各アクティビティが何をしているのか1つずつ確認します。

## ■［ファイルをコピー］アクティビティ

［ファイルをコピー］アクティビティは、指定したファイルを別のファイルとしてコピーします。ここでは、メール本文の元となる文章が記載された［EmailTemplate.docx］を［EmailBody.docx］というファイルにコピーします。なお、パスが指定されていないので、どちらもプロジェクトフォルダー内のファイルとなります。

コピー元のファイルを指定する

**1 ファイルをコピー**

これは完全に機能するテンプレートです。このテンプレートを試すには［実行］をクリックしてください（または F5 キーを押してください）。

このアクティビティは、メール テンプレートのコピーを作成することで、オリジナルのテンプレートを変更せずにテンプレートを編集できるようにします。EmailBody.docx のファイルが既に存在する場合は新しいコピーで置換します。

コピー元
EmailTemplate.docx ──①

コピー先
EmailBody.docx ──②

☑ 上書き

コピー先のファイルを指定する

### ●動作の詳細について

①のファイルが②のファイルとしてコピーされる

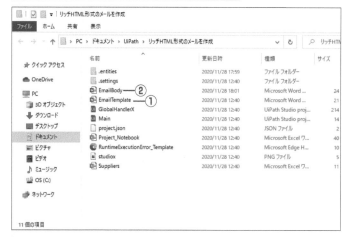

第5章 テンプレートを応用しよう

---

### 上書きする

このアクティビティでは、［上書き］がオンに設定されています。1回目の実行時に［EmailBody.docx］が作成されるため、2回目以降に実行するときに上書きしないと、文書内にプレイスホルダーが見つからずにエラーになるためです。このように、アクティビティの設定は、何度も実行するときのことを考慮して選択する必要があります。

### ファイルを移動するには

コピーではなく、ファイルを移動したいときは［ファイルを移動］アクティビティを使います。このほか、ファイル操作関連のアクティビティには、［ファイルの存在を確認］［ファイルを作成］［ファイルを削除］［ファイル情報を取得］などがあります。

**1** ［ファイル］をクリック

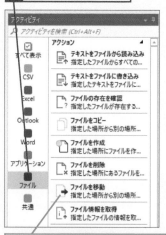

［ファイルを移動］などのアクティビティを配置する

## ■ [Wordファイルを使用] アクティビティ

[Wordファイルを使用] アクティビティは、Wordファイルを扱うためのアクティビティです。このテンプレートでは、先のアクティビティでコピーした後の [EmailBody.docx] を指定して開きます。ここではまだ値が置換されていないのでコピー元（EmailTemplate.docx）と同じ内容のファイルとなります。

使用するファイルを指定する

●動作の詳細について

テンプレートとして使うメールの本文が
記載されているWordファイルを開く

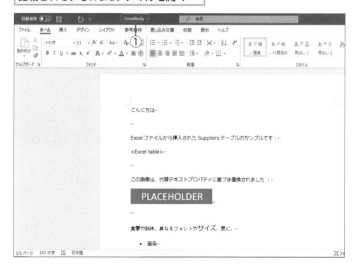

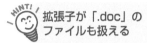

拡張子が「.doc」の
ファイルも扱える

ここでは、最新のWordで作成された「.docx」のファイルを利用していますが、古いバージョンで作成された「.doc」のファイルも問題なく扱えます。同様に古いバージョンのExcelで作成された「.xls」のファイルも扱えます。

実行すると
ファイルが作成される

ここで示した「EmailBody.docx」は、実際は目にすることができません。テンプレートの実行前はファイルが存在せず、実行して初めて作成されます。さらに実行後は、中のプレイスホルダーがExcelファイルのテーブルデータや画像ファイルに置き換わっているためです。実行途中で、画面と同じファイルが内部的に扱われます。

次のページに続く

# ［Excelファイルを使用］アクティビティ

［Excelファイルを使用］アクティビティは、Excelファイルを扱うためのアクティビティです。ここでは、メールの本文に貼り付けるテーブルが記載されたExcelファイル［Suppliers.xlsx］を開き、そのデータを「Suppliers」という参照名で使えるようにします。

開くExcelファイルを指定する

Excelファイルから読み込んだ表データを一時的に保管し、ほかのアクティビティから使えるようにする

## ●動作の詳細について

［Suppliers］を開く

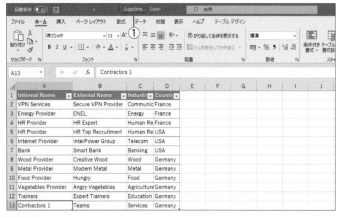

サプライヤーの一覧がテーブルとして保存されている

| | A | B | C | D | E | F | G | H | I | J |
|---|---|---|---|---|---|---|---|---|---|---|
| 1 | Internal Name | External Name | Industr | Countr | | | | | | |
| 2 | VPN Services | Secure VPN Provider | Communic | France | | | | | | |
| 3 | Energy Provider | ENEL | Energy | France | | | | | | |
| 4 | HR Provider | HR Expert | Human Re | France | | | | | | |
| 5 | HR Provider | HR Top Recruitment | Human Re | USA | | | | | | |
| 6 | Internet Provider | InterPower Group | Telecom | USA | | | | | | |
| 7 | Bank | Smart Bank | Banking | USA | | | | | | |
| 8 | Wood Provider | Creative Wood | Wood | Germany | | | | | | |
| 9 | Metal Provider | Modern Metal | Metal | Germany | | | | | | |
| 10 | Food Provider | Hungry | Food | Germany | | | | | | |
| 11 | Vegetables Provider | Angry Vegetables | Agriculture | Germany | | | | | | |
| 12 | Trainers | Expert Trainers | Education | Germany | | | | | | |
| 13 | Contractors 1 | Teams | Services | Germany | | | | | | |

---

**HINT!**

## ［自動保存］のオフや［読み込み専用］の設定も検討しよう

このテンプレートでは、［Suppliers.xlsx］のテーブルは読み込むだけで、内容を変更しません。このようにExcelファイルを参照のみに使う場合は、［Excelファイルを使用］アクティビティの［プロパティ］パネルで［自動保存］のチェックボックスをクリックしてチェックマークを外し、処理速度を向上させたり、［読み込み専用］のチェックボックスをクリックしてチェックマークを付け、元ファイルが間違って変更されたりしないようにできます。実際の業務で利用する際は、こうした設定の利用も検討しましょう。

処理速度を上げるには［自動保存］のチェックマークを外す

元ファイルの変更を防ぐには、［読み込み専用］を設定する

第5章 テンプレートを応用しよう

## ［データテーブルを挿入］アクティビティ

［データテーブルを挿入］アクティビティは、テーブル形式のデータを、Wordファイル内の指定した位置に挿入します。ここでは、［Suppliers.xlsx］で定義されている［Table1］テーブルを、Wordファイルの［<Excel table>］というプレイスホルダーと置き換えます。

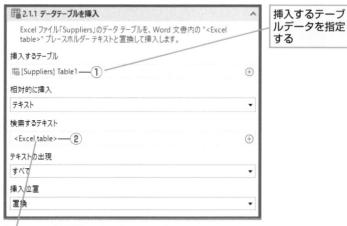

挿入するテーブルデータを指定する

Excelから読み込んだテーブルデータを「<Excel table>」として一時的に保管し、ほかのアクティビティから使えるようにする

### ●動作の詳細について

①でテーブルデータを指定する

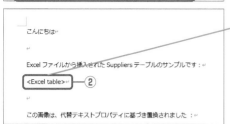

②で指定した「<Excel table>」の位置に①が挿入される

①

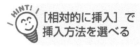

［相対的に挿入］で挿入方法を選べる

ここでは［相対的に挿入］で［テキスト］を選択し、指定したテキストの場所にテーブルデータを挿入しています。このほか、［ドキュメント］を選択すると先頭や末尾に挿入でき、［ブックマーク］を選択すると文章内のブックマーク位置に挿入できます。

**1** ［▼］をクリック

挿入方法を選択する

 挿入先候補が複数ある場合は

Wordファイルの文書内に、挿入先の候補となるテキストが複数存在する場合は、どのテキストの位置に挿入するかを［テキストの出現］で指定できます。［すべて］［最初］［最後］［特定］（インデックスで指定）のいずれかを指定できます。

 ［挿入位置］の設定もできる

［挿入位置］は標準で［置換］となっており、元のWordファイルにあるプレイスホルダーが削除されて、指定したテーブルデータに置き換えられます。［前］や［後］を指定すると、元のプレイスホルダーを保持したまま、その前後にテーブルデータを挿入できます。

次のページに続く

## ［画像を置換］アクティビティ

［画像を置換］アクティビティはWordファイルの文書内にある画像を指定した別の画像ファイルに置き換えます。ここでは、［StudioX logo］という代替テキストが設定された画像（PLACEHOLDER）を、別の画像ファイル［studiox.png］で置き換えます。

検索する「代替テキスト」を
指定する

「代替テキスト」から置き換える
画像ファイルを指定する

●動作の詳細について

代替テキスト（HINT!を参照）が設定された画像を指定する

指定した画像ファイル②に置き換えられる

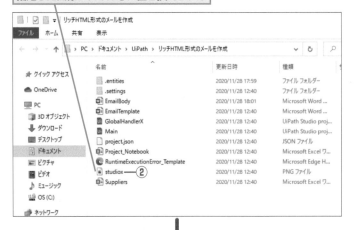

↓

 **代替テキストを設定しておく**

［画像を置換］アクティビティでは、Wordファイルにある画像を代替テキストで識別します。このため、あらかじめWordで元画像に代替テキストを設定しておく必要があります。分かりやすい名前を設定しておくといいでしょう。

代替テキストを追加する画像を
クリックしておく

**1** ［図ツール］の［書式］タブにある［代替テキスト］をクリック

Office365のバージョンによっては、［図の形式］タブをクリックする

**2** ［代替テキスト］ウィンドウでテキストを設定

 **画像を追加したいときは**

画像を追加したいときは［画像を追加］アクティビティを使います。ただし、［画像を追加］アクティビティでは位置を指定できません（文書の末尾に追加）。意図した場所に配置したいときは、あらかじめ文書内に代替テキストを持った仮の画像を配置しておき、［画像を置換］アクティビティで置き換えます。

第5章 テンプレートを応用しよう

画像ファイル②に置き換えられた

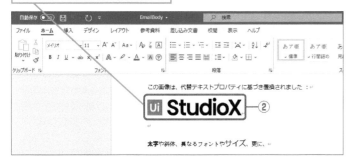

## [Outlookアカウントを使用] アクティビティ

[Outlookアカウントを使用] アクティビティは、指定したアカウントでOutlookを使う準備をします。ここでは [既定のメールアカウント] でOutlookを使う準備をし、[Outlook] という参照名でほかのアクティビティから実際のメール操作を実行できるようにします。

利用するメールアカウントを指定する

ほかのアクティビティから利用
するときの参照名を指定する

●動作の詳細について

Outlookが起動する

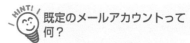
### 既定のメールアカウントって何？

[Outlookアカウントを使用] アクティビティでは、メールの操作に利用するアカウントを指定できます。[既定のメールアカウント] は、Outlookで [既定] に設定されているメインのメールアカウントです。別のメールアカウントでメールを操作したいときは、[アカウント] の [▼] をクリックしてメールアカウントを選択します。

### Gmailも利用できる

メールの操作にはOutlookだけでなく、Gmailも利用できます。レッスン㉘のテクニックを参考に、事前にGmailのAPI設定をすると、[Gmailを使用]（[Use Gmail]）アクティビティを使ってメールを送信できます。

Gmailを操作できるようになる

次のページに続く

## ■ [Outlookメールを送信] アクティビティ

[Outlookメールを送信] アクティビティは、宛先や件名、本文、添付ファイルなどを指定してOutlookでメールを送信します。ここでは、[宛先] に「person@mailinator.com」、[件名] に「StudioXで作成したHTMLメール」という文字列を指定し、本文に作成したWordファイル [EmailBody.docx] を使用して下書きでメールを作成します。

[Outlookアカウントを使用] の
参照名を指定する

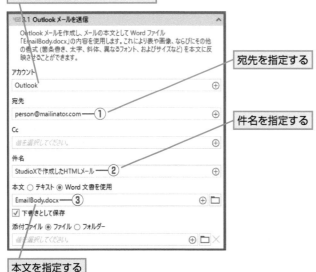

宛先を指定する

件名を指定する

本文を指定する

### ヒント メールの本文にWord ファイルの内容を使用する

レッスン㉖〜㉗で紹介した「ExcelからWordテンプレートを完成しメールを作成」テンプレートでは、アクティビティで本文を設定しましたが、ここではメールの本文にWord文書を利用します。このため、アクティビティの[本文]には、メールのメッセージではなく、ファイル名を指定します。

### ヒント 宛先や件名を変更しよう

このテンプレートでは、宛先や件名にサンプルのテキストが入力されています。実際の業務にこのテンプレートを活用する場合は、必ずアクティビティの宛先や件名を変更しましょう。レッスン㉖〜㉗で紹介した「ExcelからWordテンプレートを完成しメールを作成」を参考にExcelファイルで管理している宛先リストを利用し、複数の宛先に送信できます。

### ヒント 実際にメールを 送信するときは

テンプレートでは、[下書きとして保存] にチェックマークが付いているため、メールは下書きとして保存されるだけとなります。実際にメールを送信したいときは、[下書きとして保存] のチェックマークを外してアクティビティを実行する必要があります。また、[宛先] のメールアドレスも実際に存在するメールアドレスに変更する必要があります。

## ●動作の詳細について

宛先として入力される

件名として入力される

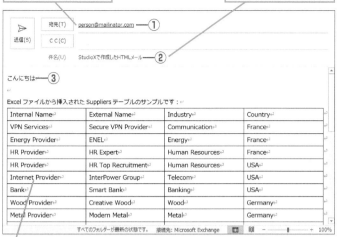

①  宛先として入力される
②  件名として入力される
③  のWordファイルから本文を挿入する

メールが下書きとして保存される

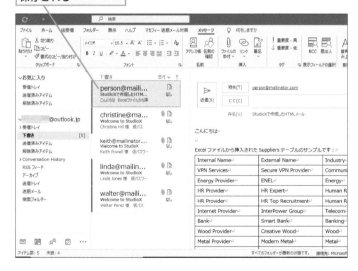

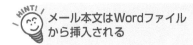

### メール本文はWordファイルから挿入される

メールの本文はWordファイル［Email Body.docx］を使用して作成されます。［EmailBody.docx］を表示して、メール本文の内容を確認してみましょう。

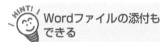

### Wordファイルの添付もできる

［Outlookメールを送信］アクティビティの［添付ファイル］に［EmailBody.docx］を指定すると、本文に加えて、添付ファイルとしてもWordファイルを利用できます。

［ファイルを参照］をクリックすると、添付ファイルを選択できる

## Point

### メールを使った業務に活用しよう

このテンプレートは、Wordファイルを利用してメールの本文をいろいろな形で活用できるようにしたものです。レッスン㉖～㉗で紹介した「Excelから Wordテンプレートを完成しメールを作成」と違って、Wordファイルの画面上でベースとなるHTMLメールの本文を作成できるので、データテーブルや画像などを挿入した凝ったデザインのメールを作成できるのがメリットです。ある程度、体裁を整える必要がある対外的なメールの自動送信に活用するといいでしょう。

# 36

## ファイルをWebサイト からダウンロード①

### プロジェクトの全体像を確認しよう

「ファイルをWebサイトからダウンロード」 テンプレートの全体像を見てみましょう。 まずは処理の流れをおおまかに把握して おくことが大切です。

## ■ テンプレートを実行する

レッスン㉔を参考に［ファイルをWebサイトからダ ウンロード］のテンプレートを表示しておく

**1** ［実行］を クリック

次のレッスンで各アクティビティの処理と実行結果を確認する

## ■ 全体像を確認する

**1** ［デザイナー］パネルを下にスクロール して全体像を確認

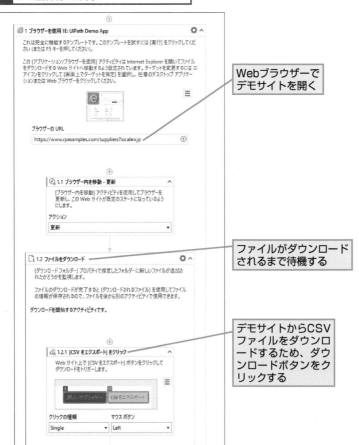

Webブラウザーで デモサイトを開く

ファイルがダウンロード されるまで待機する

デモサイトからCSV ファイルをダウンロ ードするため、ダウ ンロードボタンをク リックする

▶ キーワード

| CSV | p.181 |
| --- | --- |
| テンプレート | p.184 |
| プロジェクト | p.184 |

### HINT! 何をするテンプレート？

「ファイルをWebサイトからダウン ロード」テンプレートは、Webサイト で公開されているファイルを自動的に ダウンロードします。 UiPathのDemoAppサイトで提供され ているCSVファイルをダウンロード し、その後、CSVファイルをExcelファ イルに変換します。

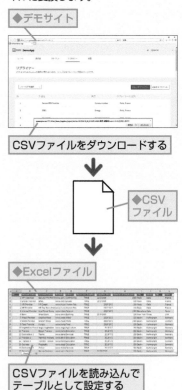

◆デモサイト

CSVファイルをダウンロードする

◆CSV ファイル

◆Excelファイル

CSVファイルを読み込んで テーブルとして設定する

ダウンロードした
ファイルのファイ
ル名を取得する

取得したファイル名を
使って、CSVファイ
ルをExcelファイルと
して保存する

Excelにコピーしたデータを
テーブルとして設定する

 **どのようなカスタマイズが
できるの?**

ダウンロード先のサイトを変更すれ
ば、いろいろなデータのダウンロード
に対応できます。ただし、サイトによっ
てダウンロード操作が異なるので、ダ
ウンロードのボタンをクリックする操
作などは、サイトに合わせてカスタマ
イズする必要があります。このほか、
保存先を変更できます。

 **CSV形式のまま
保存してもいい**

このテンプレートでは、ダウンロード
したCSVファイルをExcelファイルに
変換しています。StudioXではCSV
ファイルも扱えるため、ダウンロード
したCSVファイルを処理したい場合
は、Excelファイルに変換せずにCSV
ファイルのまま読み込んで使うことも
できます。

## Point

### ダウンロードしたファイルを
### 扱う作業の自動化に便利

「ファイルをWebサイトからダウンロー
ド」テンプレートは、インターネット
上のWebサイトや社内の業務システム
などからダウンロードしたファイルを
必要な業務に活用できるテンプレート
です。ダウンロードしたファイルを使っ
たデータの集計や、別のアプリへの情
報の転載、データの加工などに活用し
ましょう。

# 37

## ファイルをWebサイトからダウンロード②

### アクティビティの動作を確認しよう

「ファイルをWebサイトからダウンロード」の中身を確認していきましょう。使われている各アクティビティが何をしているのか、1つずつ確認します。

---

### ■ [ブラウザーを使用] アクティビティ

[ブラウザーを使用] アクティビティは、Webブラウザー（標準ではInternet Explorer 11）を起動して、指定したURLにアクセスします。ここでは、UiPathのDemoAppサイト（https://www.rpasamples.com/suppliers?locale=jp）にアクセスします。

Webブラウザーで開くURLを指定する

●動作の詳細について

指定したWebページが表示される

---

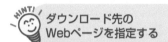

**ダウンロード先のWebページを指定する**

URLには、ダウンロードしたいファイルがあるWebページ（ダウンロードボタンなどがあるページ）を指定します。トップページなどを指定すると、その後、ダウンロードページに移動するためのクリック処理などを記述しなければならないため手間がかかります。

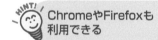

**ChromeやFirefoxも利用できる**

このテンプレートでは、WebブラウザーにInternet Explorer 11を利用します。ChromeやFirefox、Edgeを利用したいときは、レッスン㊸を参考にあらかじめ拡張機能をインストールして、StudioXから操作できるように設定しましょう。

---

第5章 テンプレートを応用しよう

## ［ブラウザー内を移動］アクティビティ

［ブラウザー内を移動］アクティビティは、Webブラウザーのページ表示操作をします。ここでは、アクションに［更新］を指定して、Webブラウザーのツールバーの［最新の情報に更新］や F5 キーを押したときの動作を実行します。

Webブラウザーの
操作を指定する

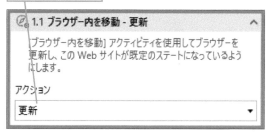

●動作の詳細について

Webページが再表示される

**HINT!** ファイルへのリンクが
分かるときは

ダウンロードしたいファイルのリンクが分かるときは、前ページの［ブラウザーを使用］アクティビティから以下の方法で［テキストビルダー］ダイアログボックスを表示し、ファイルのリンクを入力しても構いません。ただし、Webブラウザー起動後の保存操作が変わるので、WebブラウザーでURLにアクセスし、表示された画面に合わせて、その後のダウンロード処理を記述する必要があります。

**1** ⊕をクリック

**2** ［テキスト］をクリック

［テキストビルダー］ダイアログボックスが表示されるので、URLを入力する

**HINT!** ページによっては
配置しなくても大丈夫

［ブラウザー内を移動］アクティビティによる更新処理は、ファイルのダウンロード処理で必須のアクティビティではありません。このテンプレートでは、再読み込みによってページを初期化して、画面上のボタンなどをプロジェクト作成時と同じ状態にし、確実にクリックできるようにしています。ダウンロード先のページによっては、この処理が不要な場合もあるため、このアクティビティの配置を忘れても問題なく動作します。

**次のページに続く ▶**

## [ファイルをダウンロード] アクティビティ

指定したフォルダーを監視し、新しいファイルが追加されるまで待機します。なお、自分で自動化プロセスを作るときは [ダウンロードを待機] アクティビティを使います。

アクティビティの中にダウンロードの操作を追加する

ダウンロードしたファイルを保存するフォルダーを指定する

ダウンロードされたファイルを後で参照するための名前を設定する

●動作の詳細について

①で指定したフォルダーにファイルが追加されるまで待機する

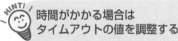

### 時間がかかる場合はタイムアウトの値を調整する

ダウンロードに時間がかかる場合は、[プロパティ] パネルでタイムアウトの時間を調整します。標準では300秒 (5分) の間、処理を待機しますが、それ以上かかる場合は、[タイムアウト] で待機させたい時間を秒で指定しましょう。

**1** [タイムアウト] の ⊕ をクリック

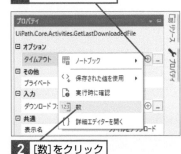

**2** [数] をクリック

**3** [数値または数式] に秒数を入力

**4** [保存] をクリック

[タイムアウト] の秒数が変わった

### 参照名を設定する

[ダウンロードされるファイル] には、ここでダウンロードされたファイルを後でほかのアクティビティから使うための参照名を設定します。ここでは「ダウンロードされたファイル」という名前を付けています。ここにはダウンロードされたファイルの各種情報 (ファイル名など) が格納されます。

第5章 テンプレートを応用しよう

## [[CSVをエクスポート] をクリック]

画面上の指定した部分をクリックする [クリック] アクティビティです。ここでは、CSVファイルをダウンロードするため、Webページ上の [CSVをエクスポート] ボタンをクリックするように指定しています。

クリックする場所を指定する

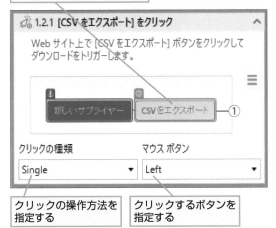

クリックの操作方法を指定する

クリックするボタンを指定する

●動作の詳細について

ここをクリックする

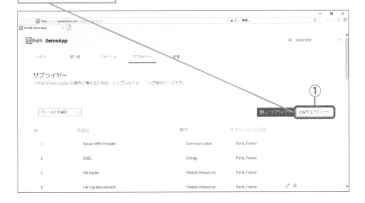

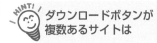

### HINT! ダウンロードボタンが複数あるサイトは

StudioXでは、クリックする対象を確実に指定するために、近くにある目印がアンカーとして自動的に設定されます。このため、同じ名前のボタンがページ内に複数存在する場合でも、指定したボタンを確実にクリックできます。

### HINT! ボタンのURLを直接開いてもダウンロードはできない

ここで取り上げたサイトのように、ボタンに対して動的にダウンロード用のURLが割り当てられるような設計のサイトでは、ページを表示して、そのページからダウンロード用のボタンをクリックするという操作が必要になります。なお、Webサイトによっては、ダウンロードボタンにファイルへの静的なリンクが設定されていることもあります。こうしたサイトでは、ボタンのURLを指定しファイルを直接ダウンロードできます。

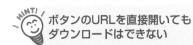
次のページに続く

## [［保存］をクリック]

［クリック］アクティビティを使って［保存］ボタンをクリックし、ファイルを保存します。

クリックする場所を指定する

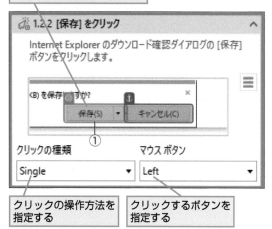

クリックの操作方法を指定する　　クリックするボタンを指定する

### ●動作の詳細について

ここをクリックする

［ダウンロード］フォルダーにファイルが追加される

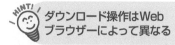

**ダウンロード操作はWebブラウザーによって異なる**

ファイルのダウンロード操作は、Webブラウザーによって異なります。このテンプレートでは、Internet Explorer 11を利用するため、画面下に表示される［保存］ボタンをクリックする操作が必要です。
ChromeやFirefoxでは、ダウンロード操作が異なるため、別のWebブラウザーを使うときはダウンロード時の操作内容を変更する必要があります。

**動作が［ファイルをダウンロード］で検知される**

［ファイルをダウンロード］（[ダウンロードを待機] アクティビティ）は、このアクティビティの操作によってファイルがダウンロードされたこと（フォルダーにファイルが保存されたこと）を検知して、次のアクティビティへ処理を続行します。

**ダウンロード先として検知されるフォルダーに注意**

検知する対象として指定したフォルダーと、ここで実際にファイルがダウンロードされるフォルダーが一致していないと、タイムアウトするまで待機状態が続きます。Internet Explorer 11のファイルのダウンロード先が変更されている場合などは注意しましょう。

Internet Explorer 11の［ツール］-［ダウンロードの表示］-［オプション］の順にクリックする

［ダウンロードオプション］ダイアログボックスで、保存先のフォルダーを確認する

第5章 テンプレートを応用しよう

# [Write Cell] アクティビティ

ここでは英語名になっていますが、使われているのは［セルに書き込み］アクティビティです。ダウンロードされたファイルのファイル名を［Project_Notebook.xlsx］の［File］シートにある［FullFileName_Input］セルに書き込み、ファイル名を変換します。

ダウンロードされたファイルの
ファイル名を指定する

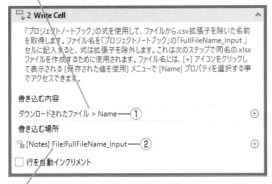

ファイル名を書き込む場所を指定する

［書き込む場所］の⊕をクリックした後、［ノートブック］-［File［シート］］-［FullFileName_Input［セル］］を選択する

●動作の詳細について

②で指定した［FullFileName_Input］
セルに①の名前を書き込む

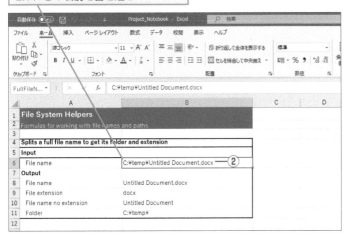

次のページに続く

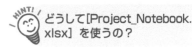

## どうして［Project_Notebook.xlsx］を使うの？

［Project_Notebook.xlsx］の［File］シートを利用すると、「○○○○.csv」というファイル名を入力すれば「○○○○」という拡張子を除いたファイル名だけを取り出せます。このテンプレートでは、ダウンロードしたCSVファイルをExcel形式のファイル（.xlsx）に変換したいので、［Project_Notebook.xlsx］の機能を活用して、名前の部分だけを取り出しています。

## ［Project_Notebook.xlsx］を活用しよう

この例のように、［Project_Notebook.xlsx］には、活用すると便利なワザが多数搭載されています。レッスン㉝のテクニックでもその一部を紹介していますが、すべての機能を紹介しきれないため、自分で［Project_Notebook.xlsx］を開き、各シートにどのような機能があるのかを確認しておくといいでしょう。［File］シートでは、次のような機能を利用できます。

・File name：パスを除いたファイル名の取得
・File extension：ファイルの拡張子
・File name no extension：拡張子を除いたファイル名
・Folder：保存先のフォルダーのパス

## ［Excelファイルを使用］アクティビティ

［Excelファイルを使用］アクティビティは、Excelファイルを扱うためのアクティビティです。ここでは、新しいExcelファイルを作成します。作成するファイル名として、ダウンロードしたCSVファイルと同じ名前のExcelファイルを作成したいので、［Project_Notebook.xlsx］にある［File］シートの［FileNameNoExtension］セルの値を利用します。

開くファイルを指定する

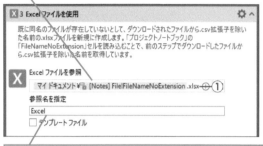

Excelファイルから読み込んだデータを一時的に保管し、ほかのアクティビティから使えるようにする

### ●動作の詳細について

①のファイル名は以下のように指定する

<[マイドキュメント]> ＋ ￥ ＋ ファイル名 ＋ .xlsx

［ドキュメント］フォルダーはHINT!を参考に指定する

ファイル名は［Project_Notebook］の②の値を指定する

［Project_Notebook］で整形された文字列からファイル名を指定する

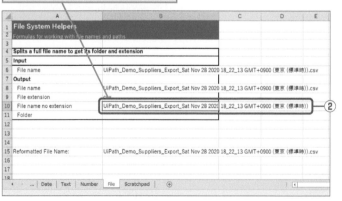

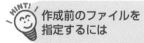

### 作成前のファイルを指定するには

ここでは、新たにファイルを作成するため、［Excelファイルを参照］で［ファイルを参照］をクリックしても指定するファイルは見つかりません。そこで、まず［ドキュメント］フォルダーにある任意のファイルを選択します。任意のファイルを選択した後、以下の方法で［テキストビルダー］ダイアログボックスを表示して、［Project_Notebook.xlsx］の値などを選択してファイル名を指定します。

**1** ⊕をクリック

**2** ［テキスト］をクリック

**3** ⊕をクリック

［ノートブック］-［File[シート]］-［FileNameNoExtension[セル]］を選択する

### グレーになっている部分は特別な値

［Excelファイルを参照］のファイル名のグレーになっている部分は、［ファイルを参照］や⊕をクリックして指定した場合に自動的に利用される表記です。一見するとほかの表記と異なるように見えますが、プロジェクトを動作するときに正しい表記として自動的に認識される（環境によって自動的に判断される）ので安心してください。

第5章 テンプレートを応用しよう

## [Read CSV] アクティビティ

ここでは英語名になっていますが、使われているのは［CSVを読み込み］アクティビティです。ダウンロードしたCSVファイルを読み込んで、新しく作成したExcelファイルの［Sheet1］シートにデータを書き込みます。

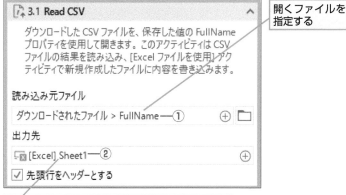

開くファイルを指定する

CSVファイルから読み込んだデータを、新しいExcelファイルの[Sheet1]シートに書き込む

●動作の詳細について

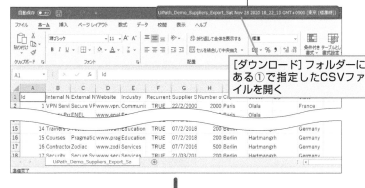

[ダウンロード]フォルダーにある①で指定したCSVファイルを開く

CSVファイルのデータが、同じファイル名のExcelファイルの[Sheet1]シートに書き込まれる

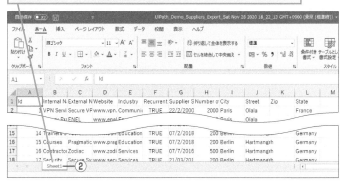

次のページに続く

### 区切り文字を指定できる

読み込みたいファイルによっては、データの区切りに使われている文字を変更する必要があります。一般的な「,」（カンマ）であれば標準設定のままでかまいませんが、タブやセミコロンなどが使われている場合は、［プロパティ］パネルの［区切り文字］から変更しましょう。

「,」（カンマ）以外の区切り文字は［区切り文字］で変更する

### CSVから読み込んだデータも処理できる

［出力先］のテキストボックスが空の状態で⊕をクリックし、［後で使用するために保存］を選択して参照名を設定すると、CSVファイルから読み込んだデータをデータテーブルとしてStudioXで処理ができます。ここではExcel形式で保存することが目的ですが、ダウンロードしたCSVファイルのデータを使って何らかの処理（Webアプリへの入力やWordへの貼り付けなど）をしたい場合は、参照名で値を後から使えるようにしておくといいでしょう。

## ［テーブルとして書式設定］アクティビティ

Excelファイルにある指定範囲のデータをテーブルとして書式設定するためのアクティビティです。ここでは、CSVファイルから貼り付けたデータを「サプライヤー」という名前のテーブルとして設定しています。

対象の範囲を指定する

テーブル名を指定する

HINT!

**テーブルとして設定しておくと便利**

Excelファイルのデータをテーブルとして設定しておくと、データが見やすくなるうえ、データの並べ替えなどが簡単にできるようになります。こうしたExcelファイル上でのメリットだけでなく、テーブルとして設定すれば、StudioXからテーブル名で値を参照したり、先頭の見出しから値を指定したりすることもできます。データを扱い安くなるので、なるべくテーブルとして設定しておきましょう。

●動作の詳細について

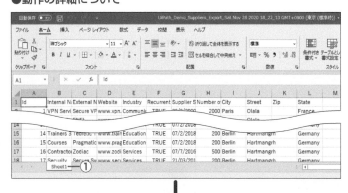

↓

Excelファイルに書き込まれたデータがテーブルとして設定される

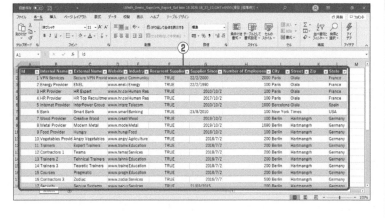

**Point**

**業務用データのダウンロード処理を自動化できる**

このテンプレートでは、実務シーンでよくあるファイルのダウンロード方法を紹介しています。外部サイトや内部の業務アプリのデータを使った自動化に役立つでしょう。また、このテンプレートでは、「フォルダーにファイルが追加される」というイベントを検知して処理を続行する例となっています。イベントを起点とした自動化も実務シーンでよくあるので、テンプレートの内容をよく確認しておくと役立つでしょう。

**テクニック** **PowerPointも操作できる**

StudioXのバージョン20.8以降を利用している場合、[プレゼンテーション]のアクティビティが利用できます。具体的には、Word、Excelに加え、PowerPointを使った自動化処理の開発が可能です。以下を参考に、PowerPoint を操作したい場合に活用しましょう。ただし、20.8以前で作成されたプロジェクトを開いた場合、[プレゼンテーション]は非表示となります。

**PowerPointファイルを扱える**　　　　　　　　　　　　　　　　**スライドの文字列を置き換えられる**

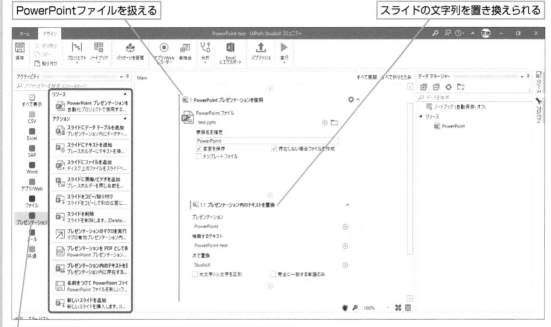

[プレゼンテーション]をクリックすると、一覧が表示される

● [プレゼンテーション] のアクティビティ一覧

・[PowerPointプレゼンテーションを使用]：PowerPointファイルを開いてほかのアクティビティから使えるようにする
・[スライドにデータテーブルを追加]：スライドのプレイスホルダーや既存のデータテーブルを新しいデータテーブルに置き換える
・[スライドにテキストを追加]：スライド番号やプレイスホルダーを指定してスライドにテキストを追加できる
・[スライドにファイルを追加]：スライド番号やプレイスホルダーを指定してスライドにファイルを追加できる
・[スライドに画像/ビデオを追加]：プレイスホルダーを指定した図形を画像やビデオに置き換える
・[スライドをコピー /貼り付け]：コピー元のスライドとコピー先を指定してスライドをコピー／移動できる

・[スライドを削除]：指定した番号のスライドを削除できる
・[プレゼンテーションのマクロを実行]：プレゼンテーションに設定されているマクロを実行できる
・[プレゼンテーションをPDFとして保存]：プレゼンテーション全体をPDFファイルとして保存できる
・[プレゼンテーション内のテキストを置換]：指定したテキストを検索し、別のテキストに置き換える
・[名前をつけてPowerPointファイルを保存]：プレゼンテーションを指定した名前で新たに保存できる
・[新しいスライドを追加]：スライドマスターやレイアウト、位置を指定して新しいスライドを追加できる

# この章のまとめ

## カスタマイズしてみよう

本書で紹介したテンプレートは、よくある業務を想定したものとなっているため、実務環境に合わせて、内容を少し変更すれば、すぐに業務の自動化に活用できます。しかし、そのためには、そのアクティビティが何をするもので、どんな設定が必要なのかを知っておく必要があります。この章で、アクティビティを1つずつ丁寧に解説したので、自分の環境に合わせてカスタマイズするときに役立てるといいでしょう。

**自動化の仕組みを理解する**

動作の流れを理解すれば、業務内容に合わせて自由に変更できる

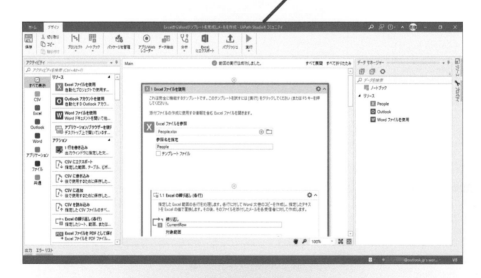

第5章 テンプレートを応用しよう

第**6**章

# いちからプロジェクト
# を作ってみよう

テンプレートではなく、いちから自分でプロジェクトを
作ってみましょう。ここでは、Webページから情報を自
動的に取得する処理の作り方を紹介します。

# 38

## 新しいプロジェクトを作る準備をしよう

### プロジェクトの概要

新しいプロジェクトを作ってみましょう。ここでは、Webページから商品リストなどの情報を自動的に取得する処理の作り方を解説します。

## Webページの商品一覧をCSVファイルで保存する

ここで作成するのは、情報収集の業務に役立つプロジェクトです。Webページに掲載されている商品リストやランキングなどを自動的に取得し、CSVファイルとして保存します。ウィザードを使うだけで簡単に作成できるので、初めてでも迷わず操作できます。

商品リストやランキングなどの情報が掲載された
Webページを表示する

書籍タイトルやリンクなどの情報を、
CSV形式のリストとして取得する

### キーワード

| | |
|---|---|
| CSV | p.181 |
| スクレイピング | p.183 |
| プロジェクト | p.184 |

 **どのような用途に使うの？**

ここでは、発行元のインプレスのWebページから、パソコンソフトカテゴリーの書籍一覧を自動的に取得します。同様に、企業サイトの製品カタログ、ショッピングサイトのランキング、株価、天気などを取得したいときに応用できます。

**スクレイピングを禁止しているWebページもある**

Webページの情報を機械的に取得することを「スクレイピング」と呼びますが、利用規約でスクレイピングを禁止しているWebページもあります。場合によっては、ユーザーアカウントが停止されてしまうので、利用規約を確認してから情報を取得しましょう。

## 処理内容を確認しよう

この処理では、［アプリケーション/ブラウザーを使用］で書籍一覧のサイトにアクセスし、［表データを抽出］を使ってタイル状に並べられた書籍情報からタイトルとそこにリンクされているURLを取得します。最後に取得した情報を［CSVに書き込み］によりCSVファイルとして出力します。

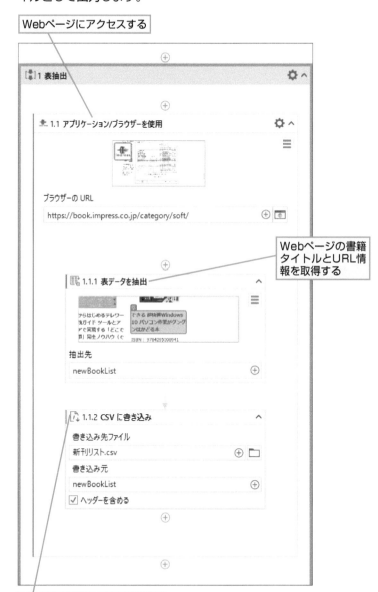

Webページにアクセスする

Webページの書籍タイトルとURL情報を取得する

取得した情報をCSVファイルとして出力する

### 複数の項目を取得できる

ここでは、書籍のタイトルとタイトルにリンクされているURLのみを取得します。ウィザード実行時に、画面上で取得する項目を増やせば、ISBN番号や発売日、価格などの情報も一緒に取得できます。

## Point

### 手軽に情報を取得できる

業務に活用するために、ランキングなど、定期的に更新される情報を毎日チェックしている人も少なくないでしょう。ここで紹介するプロジェクトを作成すれば、こうした業務を自動化できます。プロジェクトを作成するといっても、難しい操作は不要なので心配いりません。ウィザードをベースに、いくつかのアクティビティを並べて設定するだけです。

# 39

## 新しいプロジェクトを作ってみよう

### プロジェクトの新規作成

Webページから情報を取得するプロジェクトを実際に作っていきましょう。StudioXを起動して［空のタスク］を作成し、ウィザードでの作業を進めます。

## プロジェクトの作成を開始する

### ① ［空のタスク］ダイアログボックスを表示する

レッスン❾を参考にStudioXを起動しておく

1 ［空のタスク］を
クリック

**HINT!**

**Studioでも操作は同じ**

ここで紹介する［表抽出］の操作は、StudioXだけでなく、より高度な機能を備えたStudioでも利用できます。まったく同じウィザードを使って操作できるので、Studioでより本格的な開発に挑戦する場合でも利用できます。

### ② 新しいプロジェクトを作成する

ここでは「パソコン書籍一覧の取得」という
プロセス名のプロジェクトを作成する

1 ［プロセス名］を入力

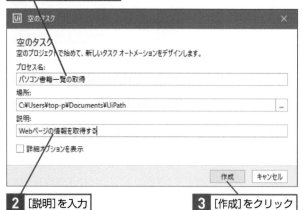

2 ［説明］を入力

3 ［作成］をクリック

［パソコン書籍一覧の取得］の
プロジェクトが作成される

**HINT!**

**分かりやすい名前を付けよう**

自分でプロジェクトを作成するときは、分かりやすい名前を設定しておくことをおすすめします。ここでは、「パソコン書籍一覧の取得」のように、どのような業務に使うのかがひと目で分かる名前を付けておくと、後から実行したり、再編集したりするときに便利です。

## ③ Internet Explorerでサイトを開く

Internet Explorer 11を起動しておく

1 右のWebページにアクセス

▼インプレスブックス
https://book.impress.co.jp/category/

[パソコンソフトの書籍一覧]を表示する

2 ここを下にドラッグしてスクロール

書籍のラインナップは、日々新しい内容に更新される

---

## 抽出する要素を設定する

### ① [抽出ウィザード] を表示する

StudioXの画面に切り換えておく

1 [表抽出]をクリック

---

### ② ウィザードを進める

[抽出ウィザード]が起動した

1 [次へ]をクリック

---

## Internet Explorer 11を起動するには

StudioXでは、Webページを表示するための標準WebブラウザーがInternet Explorer 11に設定されています。StudioXから操作対象を指定するときに、実際のWebページを表示しておく必要があるので、必ずInternet Explorer 11でWebページを表示しましょう。Windows 10の検索ボックスで「Internet Explorer」で検索すると起動できます。

1 画面左下の検索ボックスに「Internet Explorer」と入力

2 [開く]をクリック

---

## [抽出ウィザード] って何?

[抽出ウィザード] は、Webページに掲載されている表形式のデータから、各項目のデータを抽出するためのウィザードです。実際のWebページ上で、取得したいデータを2か所クリックして指定すると、情報を取得するための処理を自動的に作成できます。

次のページに続く

## ③ 最初の要素を指定する

ここでは、Webページの [パソコンソフトの
書籍一覧]にある最初の項目を選択する

最初の書籍タイトル
要素をクリック

**1**

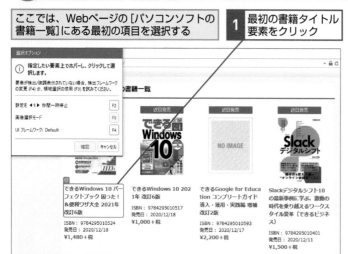

選択した書籍タイトル要素には、
書名名とURLの項目が含まれる

## ④ [抽出ウィザード] を進める

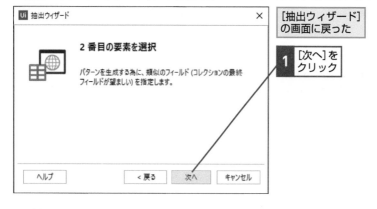

[抽出ウィザード]
の画面に戻った

**1** [次へ]を
クリック

## ⑤ 要素の選択を一時停止する

2番目の要素としてリストの最後の要
素を選択するため、選択操作を一時的
に停止して、画面をスクロールする

画面左上に表示された [選択
オプション]を操作する

**1** [F2]をクリック

## ⑥ 画面をスクロールする

左上にカウントダウンが表示され、選択が一時停止する

一番下の要素を選択するので、ページの最下部を表示する

**1** ここを下にドラッグしてスクロール

## ⑦ 2番目の要素を選択する

最後の項目を2番目の要素として指定する

2番目の要素は、前ページの手順3と同じタイトル部分を選ぶ必要がある

**1** 最後のタイトル要素をクリック

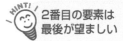 **2番目の要素は最後が望ましい**

[抽出ウィザード]で情報を取得するときは、Webページにあるたくさんの情報のうち、どこからどこまでが取得したいデータなのかを認識させる必要があります。このため、手順3では書籍一覧の先頭に掲載されている書籍のタイトルを、手順4～7の2番目の要素では書籍一覧の最後（ページの最後）に掲載されている書籍のタイトルを選択しましょう。

 **どうして一時停止するの？**

ここでは、書籍一覧の最後のデータが画面の下に表示されています。[抽出ウィザード]で画面上の要素を指定するとき、スクロールなどのアプリ操作ができないため、[抽出ウィザード]での選択を一時停止し、その間に画面をスクロールしています。

次のページに続く

## ⑧ 抽出する情報を設定する

[列を設定] の画面が表示された

抽出データは表形式で格納されるため、列名などを設定する

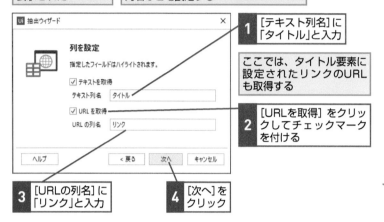

**1** [テキスト列名] に「タイトル」と入力

ここでは、タイトル要素に設定されたリンクのURLも取得する

**2** [URLを取得] をクリックしてチェックマークを付ける

**3** [URLの列名] に「リンク」と入力

**4** [次へ] をクリック

## ⑨ データをプレビューする

[プレビューデータ] の画面左に書名が表示された

**1** ここを右にドラッグしてスクロール

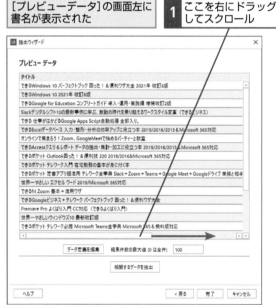

URLが表示された

**2** [完了] をクリック

 **ほかの要素も取得できる**

手順9の [プレビューデータ] の画面で [相関するデータを抽出] をクリックすると、書名やURL以外の情報を追加で取得できます。149ページの手順2と同じ画面が表示されるので、価格など追加の要素を指定して、同様に画面上で要素を指定しましょう。

**複数ページにわたるデータも取得できる**

Webページによっては、商品情報やランキングが複数のWebページにわたって掲載されている場合もあります。このような場合は、手順10で [はい] をクリックし、画面上で次のページに移動するためのリンクを指定します。ただし、今回のWebページでは、下部に表示されているページを移動するためのリンクが、ページ番号と [<<] （最後）と [>>] （最後）しかありません。複数ページにわたる情報を取得するには、1つ次のページに移動するためのリンク（[>] や [次へ] [次ページ]）を指定する必要があります。このため、ここで例示したWebページでは [抽出ウィザード] から複数ページの情報を取得できません。

例示したWebページでは、ページ番号と [>>] （最後）の表示のみなので、複数ページが取得できない

## ⑩ 複数ページの抽出を設定する

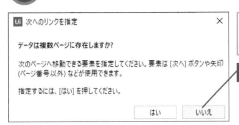

ここでは、複数ページに
わたるデータ抽出を設定
しない

**1** [いいえ]をクリック

## プロジェクトを完成させる

### ① テーブルを抽出できた

[抽出ウィザード]が終了し、アクティビティが
自動的に登録された

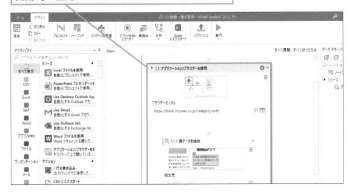

### ② 抽出したデータを一時的に保存する

[表データを抽出]で
データを保存する

**1** ⊕をクリック
ック

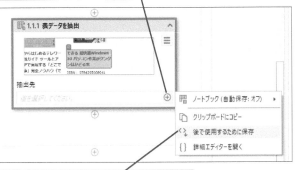

**2** [後で使用するために保存]をクリック

**HINT!** [抽出ウィザード]の操作を
やり直すには

[抽出ウィザード]での設定をやり直
したいときは、[表データを抽出]の
右側に表示されている[クリックして
オプションメニューを開きます]（≡）
をクリックし、[画面上でターゲットを
指定]を選択します。

**1** [クリックしてオプション
メニューを開きます]をク
リック

**2** [画面上でターゲットを指定]を
クリック

[抽出ウィザード]が起動する

**HINT!** データをほかの
アクティビティから
使えるように保存する

[抽出ウィザード]によって作成され
た[表データを抽出]では、抽出した
情報がデータテーブル形式で保持され
ます。そのままでは、このデータをほ
かの用途に使用できないので、[後で
使用するために保存]で名前を付けて
保存しましょう。名前を付けておくと、
ほかのアクティビティから、この名前
で抽出したデータを利用できます。

次のページに続く

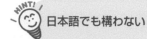

## ③ 値に名前を付ける

ほかのアクティビティから参照するための名前を付ける

**1** 「newBookList」と入力

**2** [OK] をクリック

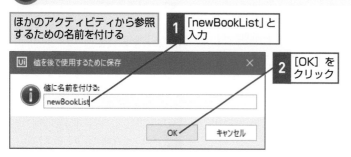

**HINT!**

### 日本語でも構わない

ここでは、保存された値の名前を「newBookList」としていますが、「書籍リスト」などの日本語でも構いません。分かりやすい名前を付けておきましょう。

## ④ アクティビティを追加する

ここでは、抽出した値をCSVファイルとして保存する

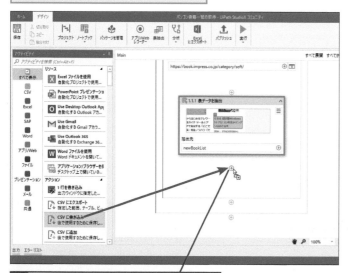

**1** [CSVに書き込み] を [表データを抽出] の下の⊕にドラッグ＆ドロップ

**2** [ファイルを参照]をクリック

**HINT!**

### 配置場所に注意

[デザイナー] パネルにアクティビティを追加する際は、配置する位置に注意が必要です。アクティビティは基本的に上から順番に実行されるので、手順4では必ず [表データを抽出] の下に [CSVに書き込み] を配置する必要があります。

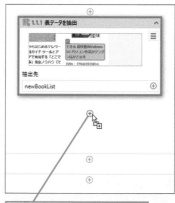

[表データを抽出] の下にある⊕にドラッグ＆ドロップする

**HINT!**

### 保存先はプロジェクトと同じになる

[CSVに書き込み] に限らず、ファイルを新しく作成するアクティビティでは、標準の保存先がプロジェクトと同じフォルダーに設定されます。プロジェクトと一緒に保存することで、管理が楽になりますが、もちろん手順5で [ドキュメント] など別のフォルダーを選択して保存しても構いません。

いちからプロジェクトを作ってみよう

第6章

## 5 ファイル名を設定する

ここでは、「新刊リスト」という
ファイル名で保存する

**1** ファイル名を
入力

**2** [保存]を
クリック

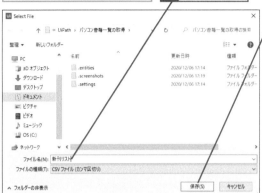

手順6では、手順3で設定した名前が
表示されます。このように、アクティ
ビティで後から使えるように値を保存
しておくと、ほかのアクティビティか
らその名前で値を利用できます。

 忘れずに保存しよう

プロジェクトの作成が完了した後は、
忘れずに保存しましょう。保存しない
と、設定したウィザードや配置したア
クティビティ、設定など、すべての情
報が失われてしまいます。

## 6 保存するデータを指定する

手順3で保存したデータを
指定する

**1** [書き込み元]の
⊕をクリック

**2** [保存された値を
使用]をクリック

**3** [newBookList]を
クリック

## 7 プロジェクトを保存する

**1** [保存]をクリック

Internet Explorerを終了しておく

## Point

**初めてでも迷わずできる**

このレッスンで紹介したように、
StudioXを使えば、高度な自動化処理
が簡単に作成できます。複雑な処理も
[抽出ウィザード]で設定できるうえ、
基本的な操作もアクティビティを並べ
て設定するだけと簡単です。StudioX
のアクティビティは、アプリケーショ
ンごとにまとめられているうえ、分か
りやすい名前が付けられているので、
やりたいことを探すのにも苦労しない
でしょう。StudioXでいろいろな自動
化に挑戦してみましょう。

# 40

## 作ったプロジェクトを実行しよう

### プロジェクトの実行と確認

前のレッスンで作ったプロジェクトを実行してみましょう。ここでは、StudioXから直接実行します。思い通りに動作するかを確認してみましょう。

## 1 プロジェクトを実行する

レッスン㊴で作成したプロジェクトを実行する

1 [実行]をクリック

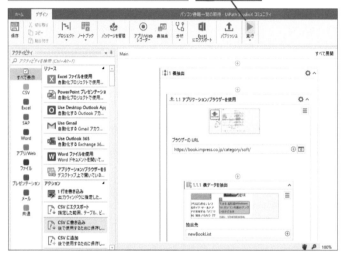

## 2 プロジェクトが実行される

StudioXが最小化された

Internet Explorer 11が自動的に起動する

---

▶ キーワード

| プロジェクト | p.184 |
| --- | --- |

**HINT!**

### UiPath Assistantからも実行できる

レッスン⑰を参考に、作成したプロジェクトをパブリッシュすると、その後はAssistantから実行できます。Assistantからの方が簡単に実行できるので、このレッスンの手順で動作の確認が済んだら、普段はAssistantから実行するのがおすすめです。

**HINT!**

### 実行中は画面を操作しない

手順1で[実行]をクリックした後は、しばらくの間、マウスやキーボードを操作せず、そのまま待ちましょう。途中でWebブラウザーの画面を閉じるなど、意図しない操作をすると処理が途中で止まってしまうことがあります。

**HINT!**

### 実行時に自動的に最小化したくないときは

手順1で[実行]をクリックすると、StudioXが自動的に最小化されます。画面を最小化せずにそのままウィンドウを表示するには、[ホーム]タブをクリックした後、[設定]の[デザイン]にある[実行時に最小化]で[いいえ]をクリックして変更します。

[実行時に最小化]をクリックして[いいえ]に変更する

## ③ [出力]パネルを確認する

| 実行が完了すると、StudioXが最大化で表示される | **1** [出力]をクリック |
|---|---|

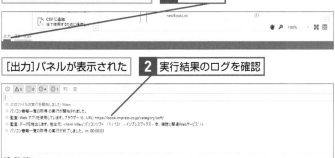

| [出力]パネルが表示された | **2** 実行結果のログを確認 |
|---|---|

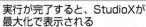

## ④ CSVファイルを確認する

| エクスプローラーを起動しておく | **1** [ドキュメント]-[UiPath]-[パソコン書籍一覧の取得]フォルダーを選択 |
|---|---|

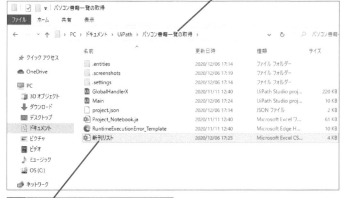

**2** [新刊リスト]をダブルクリック

| Webページから取得した情報が表示された | 列の境界線をダブルクリックして、幅を変更しておく |
|---|---|

「データ損失の可能性」のメッセージが表示されたときは、[次回から表示しない]をクリックする

---

### うまく動作しないときは

実行後に無反応になってしまったときは、タスクトレイのアイコンからStudioXを起動し、リボンの[停止]ボタンをクリックすることで実行を中断できます。[出力]パネルや[エラーリスト]パネルなどで動作をチェックしてみましょう。

**1** [停止]をクリック

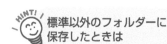

### 標準以外のフォルダーに保存したときは

CSVファイルは、155ページの手順5で指定したフォルダーに保存されています。標準以外のフォルダーを指定するときは、手順4で正しいフォルダーを選びましょう。

## Point

### いろいろ試してみよう

ここで作成したプロジェクトは、実務での応用がしやすいものとなっています。本書の手順通りに動作することを確認できたら、今度は自分の環境に合わせて、設定を変更したり、新しいアクティビティを追加したりしてみましょう。[抽出ウィザード]でほかの項目を追加したり、レッスン㊱〜㊲で解説したテンプレートを応用してCSVファイルをExcelに変換したり、別のアプリにCSVファイルの内容を入力したりしてみるといいでしょう。

**40**

プロジェクトの実行と確認

できる | 157

# この章のまとめ

## いろいろな自動化に挑戦しよう

この章では、情報収集業務に役立つプロジェクトの作り方を紹介しました。ウィザードを使った操作が大半でしたが、処理させたい内容に合わせてアクティビティを追加したり、操作対象に合わせてアクティビティの設定をしたりと、基本的な操作を学ぶことができた

ことでしょう。このような基本をマスターしておけば、アクティビティの選択と組み合わせで、いろいろな処理を実現可能です。まずは、自分が抱えている仕事のうち簡単なものから、自動化に挑戦してみるといいでしょう。

**新規プロジェクトの作成も
手軽にできる**

情報収集など毎日の簡単な業務を自動化すれば、ほかの作業に注力できる

# StudioXをさらに
# 活用するには

UiPath StudioXをさらに活用する方法を見てみましょう。Orchestratorを使ったロボットの管理やUiPathアカデミーでのStudioXの学習方法、分からないことなどを質問するためのフォーラムの使い方を紹介します。

●この章の内容

# 41

## ロボットを管理しよう

### Automation Cloud/Orchestrator

Orchestratorを利用すると、組織で稼働するロボットなどを効率的に管理できます。Orchestratorで具体的に何ができるのかを見てみましょう。

## サービス全体を管理するAutomation Cloud

Automation Cloudは、UiPathのサービス全体を管理するポータルサイトです。StudioXをダウンロードしたり、ライセンスを管理したりできるほか、統合管理サービスのOrchestratorも利用できます。また、Enterprise版ではさまざまなデータを管理できるData Service、AIスキルを管理するためのAI Fabricもあります。

◆Automation Cloud
ライセンスやテナントを管理するほか、OrchestratorやData Service、AI Fabricなどの機能を利用できる

◆Orchestrator
ロボットやジョブを管理する

▼Automation Cloud
https://cloud.uipath.com

テナント名をクリックするとOrchestratorが表示される

ロボットやStudioのライセンスを管理できる

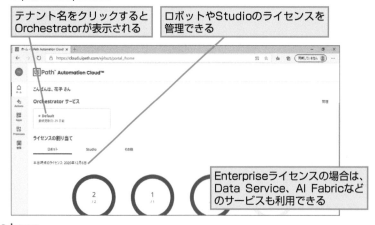

Enterpriseライセンスの場合は、Data Service、AI Fabricなどのサービスも利用できる

### キーワード

| | |
|---|---|
| Automation Cloud | p.181 |
| Orchestrator | p.182 |

 Enterprise版の試用もリクエストできる

Automation CloudからEnterprise版の試用をリクエストできます。より多くのロボットを使ったり、Data ServiceやAI Fabricなどを試したりしたい場合に活用しましょう。

**1** [管理]-[ライセンス]をクリック

**2** [Enterprise無料評価版をリクエスト]をクリック

テナントのURLを確認するには

Orchestratorなどのサービスは、テナントと呼ばれる単位で個別に管理できます（Community Cloudは1つのみ）。テナントのURLはAutomation Cloudの[管理]にある[組織設定]で確認できます。マシンキーでOrchestratorに接続するときに利用します。

[管理]の[組織設定]で接続先のテナント名を確認できる

## Orchestratorで運用状況を確認できる

Orchestratorを利用すると、組織全体の運用状況を確認できます。稼働しているロボットや実行されたジョブの状況をグラフ形式で確認したり、個別のジョブの実行状況を確認したりできます。

● [ホーム] 画面

ユーザーやロボット、ジョブの
監視や管理ができる

ここをクリックすると各種メニュー
画面に変更できる

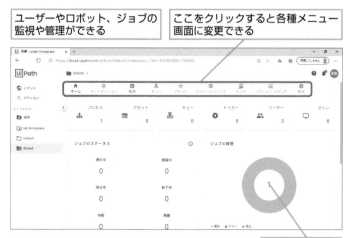

ジョブの状況を
把握できる

● [オートメーション] 画面

ジョブの実行結果などを
確認できる

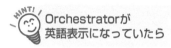

### Orchestratorが
### 英語表示になっていたら

初回ログイン時はOrchestratorの言語が英語になっている場合があります。その際は [ユーザーアイコン] をクリックして表示される [English] にマウスカーソルを合わせ、表示される言語メニューの中から [日本語] を選びましょう。

### Automation Cloudに
### 戻るには

Orchestratorの画面からAutomation Cloudに戻るには、以下のように操作します。

**1** 画面右上のユーザーアイコンを
クリック

**2** [Automation Cloudに戻る]を
クリック

### Orchestratorの
### デザインを変更できる

画面右上のユーザーアイコンをクリックして [マイプロファイル] を選択すると、画面のデザインを変更できます。標準では [自動] が選択されていますが、[ライト]や[ダーク][ダークブルー]など、好みのテーマに変更できます。

次のページに続く

## モダンフォルダーで管理が簡単に

最新のOrchestratorでは、「モダンフォルダー」という方法でユーザー、ロボット、マシンを一元管理できます。組織やプロジェクト単位にフォルダーを分けて管理できるのはもちろん、フォルダー内のユーザーに自動的にロボットを割り当てられるので設定が簡単です。

● ［フォルダー］画面

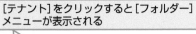

［テナント］をクリックすると［フォルダー］
メニューが表示される

フォルダーごとにユーザーや
ロボットを管理する

個人用の作業スペースとして使える
フォルダーも用意される

● ［ユーザー］画面

モダンフォルダーではユーザーに自動的に
ロボットを割りてられる

### オンプレミスでも管理できる

Orchestratorは、クラウド版だけでなく、オンプレミス版のサービスとしても提供されています。動作に必要なサーバーやソフトウェアを用意する必要がありますが、組織内の閉じた環境で管理できるうえ、Active Directoryとの連携なども可能です。

### クラシックフォルダーではなくモダンフォルダーがおすすめ

Orchestratorでは、モダンフォルダー（青色）に加えて、従来のクラシックフォルダー（オレンジ色）でも管理ができます。モダンフォルダーでは、ユーザーやロボット、マシンを自動的に割り当てることができるなど、より手軽に使え、管理も簡単です。通常はモダンフォルダーを使って管理しましょう。使わない場合はオレンジ色のクラシックフォルダーを削除しても構いません。

### 個人用のワークスペースを活用しよう

Orchestratorには、個人用のワークスペースとして使える［My Workspace］（緑色）も用意されており、特別な設定や操作をしなくても、StudioXからパブリッシュした自動化プロセスを簡単に登録して実行状況を管理できます。組織で共有する必要のない個人的な自動化プロセスは［My Workspace］に登録するといいでしょう。

StudioX をさらに活用するには

第7章

## ログを監査に役立てられる

Orchestratorを利用すると、ジョブの実行状況や誰が実行したのかという詳細な情報が記録されます。また、アラートで重要な情報が通知されます。こうした情報を監査に役立てればスムーズな運用ができます。

### ● [監査証跡] 画面

ジョブの実行状況や、誰が
実行したかが記録される

### ● [アラート]

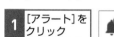

**1** [アラート]を
クリック

重要な情報が表示された

[テナント] - [アラート] の順にクリック
してもアラート表示を確認できる

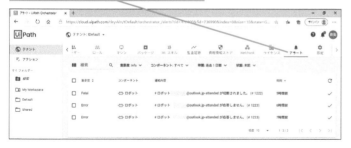

 **マシンキーで接続するには**

本書で紹介しているCommunity版StudioXでは、Automation Cloudのユーザー情報を入力することで、マシンキーを使わずに、StudioXまたはAssistantをOrchestratorに接続できます（20.10以降）。なお、Enterprise版StudioXをインストールする場合は、インストール画面で［Windowsサービスとして登録］で［×］（インストールしない）を選択する必要があります。詳しくは以下のWebページを参照してください。

▼Studioのインストール
https://docs.uipath.com/installation-and-upgrade/lang-ja/docs/studio-install-studio

▼Robotのインストール
https://docs.uipath.com/installation-and-

[Windowsサービスとして登録]
をインストールしないように設
定する

## 自動化プロセスで利用するデータを格納できる

Orchestratorでは、アセットを利用して、メールアドレスやURLなどのテキストや数字データなどを保管し、ロボットが動作する状況に合わせて取り扱うデータを取り出して使い分けることができます。また、ストレージバケットを使えば業務の処理に必要なファイルを保存してロボットからの利用もできます。

● [アセット] 画面

テキストデータや数値データなどを
アセットとしてOrchestratorに格
納すると、ロボットから利用できる

[Shared] をクリックすると
[アセット] メニューが表示
される

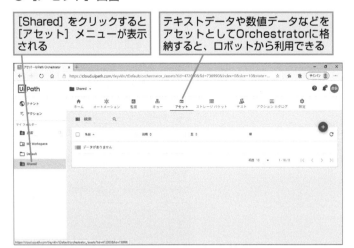

● [ストレージバケット] 画面

共通で使うPDFファイルやExcelファイル
などを保管すると、複数のロボットで共有
できる

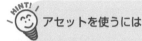

### アセットを使うには

アセットを使うには、まずOrchestratorにアセットを登録します。Orchestratorの管理画面から、アセットを保存したいフォルダーを選択し、[アセット] から [＋] をクリックして [アセット] 名に参照する際に使う名前を、[Text] に保存したい値（例えばURLなど）を入力しておきましょう。保存したアセットをSutdioXから使うときは、[Orchestratorのアセットを取得] アクティビティを使います。[アセット名] にOrchesratorに登録したアセット名と同じものを指定すると、その値を読み込んで、自動化プロジェクト内で利用できます。

### ストレージバケットはStudio/Studio Proで利用可能

ストレージバケットは、本書で解説しているStudioXからは利用できません。ストレージバケットを活用した自動化プロセスを作成したいときは、StudioまたはStudio Proを利用しましょう。

## 処理を効率化できる

Orchestratorでは、定期的な処理や大量の処理を効率的に管理できます。例えば、トリガーで日時を指定して定期的に処理を実行したり、キューを使って大量の処理を複数のロボットに効率的に割り当てたりできます。

### ● ［トリガー］画面

定期的に実行するプロセスについて、日時を指定して実行できる

### ● ［キュー］画面

大量ジョブのためのキューを登録したり、インタラクティブな処理のための要求を管理できる

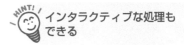

### インタラクティブな処理もできる

業務によっては、ロボットだけで処理が完結しない場合があります。途中で人間がデータをチェックしたり、承認したりと、インタラクティブな処理が必要な場合もOrchestratorが役立ちます。キューでインタラクティブな処理が完了するまで待機し、人間の操作を待ってから、次の処理を続行できます。

### Unattended Robotが必要

トリガー、およびキューの機能を利用するには、稼働に人間の介在を必要としないUnattended Robotが必要です。

## Point

### Orchestratorを活用しよう

UiPathを組織で本格的に導入するのであれば、Orchestratorは必須のサービスです。管理外のロボットが増えることを防げるのももちろんですが、アセットやトリガー、キューなど、Orchestratorだからこそ使える便利なサービスを活用できます。モダンフォルダーによって、Orchestratorでの管理もシンプルで分かりやすくなったので、小規模な環境から大規模な環境まで、どのような環境でも迷わず活用できるでしょう。

# Orchestratorで自動化プロセスを共有するには

## 自動化プロセスの共有

自動化プロセスを共有してみましょう。Orchestratorでほかのユーザーも登録されているフォルダーにパブリッシュすると自動化プロセスを共有できます。

## 1 アップロード先を指定する

レッスン❾を参考にStudioXを起動しておく

登録したいプロジェクトを表示しておく

サインインしていることを確認する

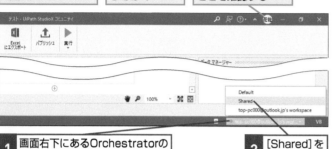

**1** 画面右下にあるOrchestratorのフォルダー名をクリック

**2** [Shared]をクリック

## 2 プロジェクトをパブリッシュする

**1** [パブリッシュ]をクリック

## 3 パッケージ名を指定する

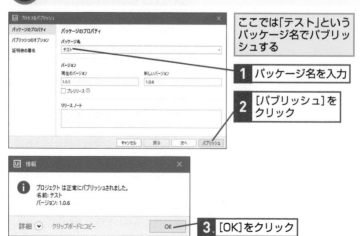

ここでは「テスト」というパッケージ名でパブリッシュする

**1** パッケージ名を入力

**2** [パブリッシュ]をクリック

**3** [OK]をクリック

### キーワード

| | |
|---|---|
| Orchestrator | p.182 |
| パブリッシュ | p.184 |
| プロジェクト | p.184 |

### HINT! Orchestratorへの接続を確認しよう

手順2でプロジェクトをパブリッシュする際は、Orchestratorに接続されていることを確認しましょう。手順1を参考に、画面右上のアイコンや右下のフォルダー名などでOrchestratorに接続されているかどうかを確認できます。なお、接続されていない場合は、右上のユーザーアイコンから[サインイン]をクリックし、レッスン❼の手順4以降を参考にサインインします。

### HINT! フォルダーのユーザーを管理するには

フォルダーをどのユーザーと共有しているのかを確認したいときは、Orchestratorの管理画面で[テナント]から[フォルダー]をクリックします。確認したいフォルダーを選択すると、そのフォルダーにアクセス可能なユーザーが表示されます。

### HINT! 個人用の自動化プロセスは個人用ワークスペースに

手順1の画面で、[[メールアドレス]'s workspace]を選択すると、個人用ワークスペースに自動化プロセスをパブリッシュできます。この場合、手順4～5のOrchestrator側の設定は不要です。ただし、個人用ワークスペースに登録した自動化プロセスは、組織で共有することはできず、自分のみが利用できる自動化プロセスとなります。

## ④ 自動化プロセスを追加する

レッスン④を参考に、[Orchestrator]を表示しておく

**1** [Shared]をクリック　**2** [オートメーション]タブをクリック

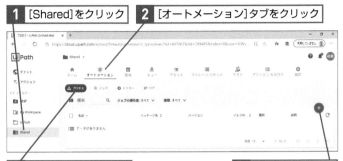

**3** [プロセス]をクリック　**4** [追加]をクリック

## ⑤ 自動化プロセスを作成する

[プロセスを追加]の画面が表示された　**1** ここをクリック

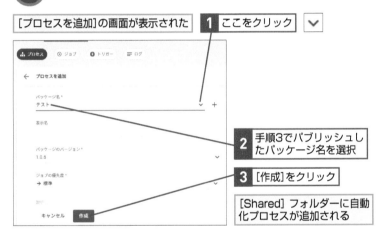

**2** 手順3でパブリッシュしたパッケージ名を選択

**3** [作成]をクリック

[Shared]フォルダーに自動化プロセスが追加される

## ⑥ Orchestratorに登録したプロセスが表示された

レッスン⑰を参考に、Assistantを起動しておく

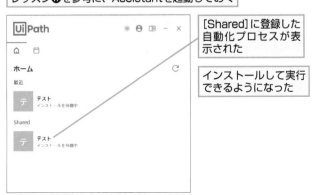

[Shared]に登録した自動化プロセスが表示された

インストールして実行できるようになった

### バージョン管理が重要

StudioXでプロジェクトを変更し、パブリッシュし直すと、新しいバージョンのパッケージとして登録されます。ただし、プロセスに登録されているパッケージのバージョンは自動的に変更されません。新しいバージョンに変更したいときは、登録したプロセスを表示し、一覧に表示されている使用可能な新しいバージョンに変更します。

**1** プロセス名の右端の[その他のアクション]（⋮）をクリック

**2** [プロセスを表示]をクリック

バージョンアップする場合はここをクリックする

### Point

#### 効率的に自動化できる

Orchestratorを使うメリットは、レッスン④で紹介したようにたくさんありますが、簡単な設定で誰もが受けられる恩恵が、ここで紹介したプロセスの管理です。組織のメンバーが作成したプロジェクトを登録すれば、そのプロセスを同じフォルダーに登録されているほかのユーザーも利用できます。みんなで一緒に開発を進めたり、共通の業務を自動化して誰もが使えるようにできるのでぜひ活用してみましょう。

# 43

## 拡張機能を活用しよう

拡張機能

StudioXをさらに便利に活用するための拡張機能をインストールしましょう。ここではよく使うExcelアドインとChromeの拡張機能をインストールします。

---

## Excelアドインをインストールする

### 1 アドインをインストールする

| レッスン❾を参考にStudioXを起動しておく | Excelが起動しているときは、終了しておく |
|---|---|

**1** [ツール]をクリック　　**2** [Excelアドイン]をクリック

**3** [OK]をクリック

### 2 Excelアドインがインストールされた

アドインのインストールが完了した

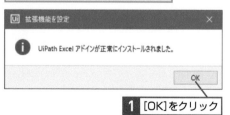

**1** [OK]をクリック

---

**キーワード**

| Excel | p.181 |
|---|---|

 **HINT!**

### Excelでアドインを管理するには

インストールしたアドインは、Excelから管理できます。[Excelのオプション]ダイアログボックスの[アドイン]をクリックすると、インストールされているアドインの一覧が表示されます。また、[管理]で[COMアドイン]を選択して[設定]をクリックすると、インストールしたUiPathのアドインを無効化したり、削除したりできます。

[Excelのオプション] - [アドイン]の画面で [UiPath Integration for Excel]を確認する

**1** [管理]で[COMアドイン]を選択

**2** [設定]をクリック

アドインの有効化／無効化を設定できる

---

StudioX をさらに活用するには

第7章

## Excelアドインを使う

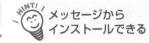
HINT! メッセージから
インストールできる

### ① 値の指定方法を設定する

| レッスン❸を参考に、StudioX で空のタスクを作成しておく | ここでは [Project_Notebook.ja.xlsx] 内のデータをExcelから直接指定する |
|---|---|

**1** [1行を書き込み] を [デザイナー] パネルにドラッグ＆ドロップ

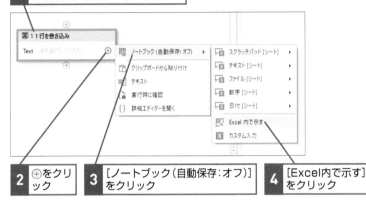

| **2** ⊕をクリック | **3** [ノートブック(自動保存:オフ)] をクリック | **4** [Excel内で示す] をクリック |
|---|---|---|

HINT! メッセージから
インストールできる

事前にアドインをインストールしていない場合、手順1で [Excel内で示す] を選択したときに、アドインをインストールするかを確認するメッセージが表示されます。このメッセージに従ってExcelアドインをインストールできます。

HINT! どのExcelファイルでも使える

ここでは、指定先のExcelファイルとして [Project_Notebook.ja.xlsx] を指定していますが、アドインはどのファイルに対しても有効になります。

### ② Excelファイル上で直接値を指定する

| Excelが起動し、[UiPath] タブが表示された | **1** [日付] シートをクリック | **2** 任意の値のセルをクリック |
|---|---|---|

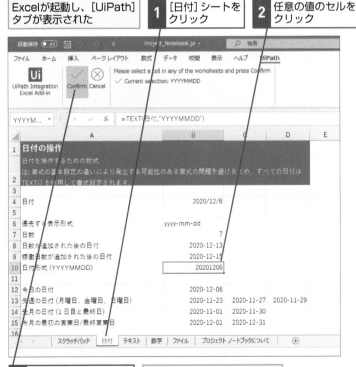

| **3** [Confirm]をクリック | StudioX上で値が指定される |
|---|---|

次のページに続く

43
拡張機能

## Chrome拡張機能をインストールする

### 1 拡張機能をインストールする

| レッスン❾を参考にStudioXを起動しておく | Chromeが起動しているときは、終了しておく |
|---|---|

| **1** [ツール]をクリック | **2** [Chrome]をクリック |
|---|---|

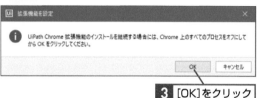

**3** [OK]をクリック

**4** [OK]をクリック

### 2 拡張機能を有効にする

| Chromeを起動しておく |
|---|

**1** 右のWebページにアクセス

▼拡張機能
chrome://extensions/

**2** [UiPath Web Automation]のここをクリックしてオンに設定

| 拡張機能を有効化できた |
|---|

縦書き：StudioX をさらに活用するには

第7章

---

**EdgeやFirefox用もある**

ここではChrome用の拡張機能をインストールしましたが、このほかEdge（Chromium版Edgeおよび旧バージョンのEdgeレガシ）、Firefox向けの拡張機能も提供されています。これらも画面の指示に従ってインストールすれば簡単に利用可能です。StudioXから操作したいWebブラウザー用の拡張機能をインストールしておきましょう。

**いろいろなアドインがある**

拡張機能は、ここで紹介したもの以外にもいろいろ用意されています。例えば、Windowsリモートデスクトップを操作したり、CitrixやVMware Horizonなどの仮想環境を操作したりするための拡張機能も利用できます。環境に合わせてインストールしましょう。

**Chromeの確認ウィンドウが表示されたら**

Chromeに拡張機能を追加した場合、自動で拡張機能の確認ウィンドウが表示される場合があります。そのときは[拡張機能を有効にする]をクリックしましょう。

## Chromeを操作する

### ① アプリケーションを指定する

| レッスン❸❾を参考に、StudioXで空のタスクを作成しておく | Chromeを起動して、任意のWebページを表示しておく |
|---|---|

**1** [アプリケーション/ブラウザーを使用]を[デザイナー]パネルにドラッグ＆ドロップ

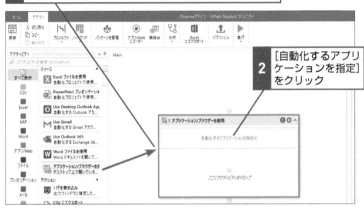

**2** [自動化するアプリケーションを指定]をクリック

### ② Chromeを指定する

**1** Chromeのウィンドウが選択された状態でクリック

### ③ Chromeが選択された

Chromeを操作できるようになった

---

**HINT!**
### 拡張機能がないとどうなるの？

拡張機能がインストールされていない場合、[クリック]などのアクティビティで画面上のボタンなどを選択しようとしても、選択できません。Chrome、Edge、Firefoxを利用するときは、必ず拡張機能をインストールしましょう。

**43**

拡張機能

---

**Point**
### 必要になったときにインストールしよう

拡張機能は、すべてのユーザーに必要なものではありません。Excelを操作するときに見出しなどで指定する方法で問題ないときや操作するWebブラウザーがInternet Explorer 11で動作するときは必要ありません。ExcelのアドインやChromeの拡張機能が多くなると起動が遅くなる場合もあるので、必要になったときにインストールするといいでしょう。

# StudioXについて
# さらに学ぶには

UiPathアカデミー

StudioXについてもっと学びたいときは、UiPathが提供しているUiPathアカデミーを利用するといいでしょう。開発の基本を段階的に学習できます。

## 1 UiPathアカデミーにアクセスする

Webブラウザーを起動しておく

**1** 右のWebページにアクセス

▼UiPathアカデミー
https://academy.uipath.com/

**2** [Login/Sign up]をクリック

### HINT! UiPathアカデミーって何？

UiPathアカデミーは、無料でUiPath製品の知識を学べるサービスです。日本語の動画やテストで基本操作や開発の進め方を学習できます。理解度を確認しながらステップアップできるほか、StudioやOrchestratorの使い方も学習できます。

## 2 ログインする

[ログイン]の画面が表示された

**1** [メールアドレスで続行]をクリック

**2** 登録済みのメールアドレスとパスワードを入力

**3** [ログイン]をクリック

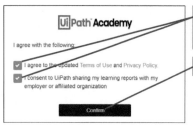

**4** プライバシーポリシーと使用許諾をクリックしてチェックマークを付ける

**5** [Confirm]をクリック

### HINT! ダウンロード時に取得したアカウントで使える

手順2で入力するメールアドレスとパスワードは、レッスン❼で利用登録時に入力したユーザー情報と同じです。プロフィールの設定など、一部追加設定が必要になりますが、アカウントそのものを新しく取得する必要はありません。

## 3 プロフィールを設定する

プロフィールの設定画面が
表示された

**1** [*] が表示されている
必須項目を入力

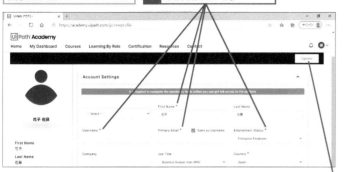

[Employment Status]で[Enterprise Employee]
を選択したときは、会社名と職種も設定する

**2** [Update] を
クリック

## 4 コースを選択する

**1** [コース]タブを
クリック

**2** [Course Language]の[Japanese]を
クリックしてチェックマークを付ける

**3** ここを下にドラッグしてスクロール

**4** [UiPath StudioX開発コース]をクリック

## 5 学習を開始する

コースの詳細画面が
表示された

[開始]をクリックすると
学習が開始される

44

UiPathアカデミー

 **HINT!**
### 自動的に日本語になる

手順3の画面は英語表示ですが、
[Language]で[Japanese]を選択
し、[Update]をクリックすると、自
動的に日本語表示に切り替わります。

 **HINT!**
### いろいろなコースがある

UiPathアカデミーには、入門者向けか
ら上級者向けまで、さまざまなコース
があります。内容もアプリ単位の学習
だけではなく、[メール操作の自動化]
などよく使う業務向けに特化したもの
も用意されています。英語のコースも
ありますが、日本語のコースも多数用
意されているので活用しましょう。

 **HINT!**
### 操作ガイドやブログも
### おすすめ

アカデミーでの学習時に出た不明点や
より詳細な情報は、操作ガイドや開発
者向けブログでも確認できます。

▼UiPath StudioXガイド
https://docs.uipath.com/studiox/lang-ja/
docs/introduction

▼UIPATHデベロッパーブログ
https://www.uipath.com/ja/blog/
developer

▼ナレッジベース
https://www.uipath.com/ja/resources/
knowledge-base

▼UiPathのイベント・セミナー情報

## **Point**
### StudioX開発コースを
### 受講しておこう

UiPathアカデミーを受講すると、UiPath
製品の基本を一通りマスターできます。
まずは、[StudioX開発コース]を受講
して、StudioXの使い方を学習すると
いいでしょう。本書で紹介した内容と
重複する部分もありますが、もう一度
学習するとより理解が深まります。

# StudioXについて
# 分からないことがあるときは

フォーラム・よくある質問

StudioXの操作やアクティビティの使い方で分からないことがある場合は、UiPathが運営しているユーザーフォーラムを活用するといいでしょう。

## ① フォーラムにアクセスする

Webブラウザーを起動しておく

| 1 | 右のWebページにアクセス | ▼UiPathフォーラム<br>https://forum.uipath.com/c/ | 2 | [Log In] をクリック |
|---|---|---|---|---|

最新情報が表示され、時期によって表示が変わる

## ② アカウントを登録する

[ログイン] の画面が表示された場合は、パスワードを入力して[ログイン]をクリックする

ログイン方法の選択画面が表示されたときは、[メールアドレスで続行]をクリック

フォーラムで使うユーザー名などの確認画面が表示された

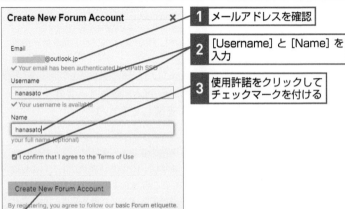

1 メールアドレスを確認

2 [Username] と [Name] を入力

3 使用許諾をクリックしてチェックマークを付ける

4 [Create New Forum Account] をクリック

### フォーラムって何？

フォーラムは、UiPathユーザーがオンラインで交流するコミュニティです。過去に投稿された使い方の質問などのメッセージを参照したり、新しいメッセージの投稿もできます。

### メールアドレスなどの入力が必要な場合もある

環境によっては、手順2でメールアドレスやパスワードの入力も求められる場合があります。フォーラムも、レッスン❼で利用登録をしたアカウントで利用できるので、登録済みのメールアドレスとパスワードでログインしましょう。

### 初めてのときはTips画面が表示される

初めてUiPathフォーラムにアクセスしたときは、手順2の後に画面上の通知アイコンなどの使い方を紹介するTipsが表示されます。説明が不要なときは、[Skip these tips] をクリックしてフォーラムの画面に戻りましょう。

## ③ [フォーラム] の画面を表示する

| UiPathフォーラムの | **1** | [フォーラム] を |
| トップページに戻った | | クリック |

## ④ [フォーラム] の画面が表示された

| [フォーラム] の質問一覧が | [New Topic]をクリックすると |
| 表示された | 新しく投稿できる |

 **最新版の情報やFAQもある**

手順3のようにフォーラムの先頭には最新バージョンの情報が掲示されています。スクロールすることで、追加された新機能などの情報を確認できるので、定期的にチェックしましょう。また、手順3で[日本FAQ]を選択すると、よくある質問も参照できます。使い方に迷ったときは、FAQの情報も参照しましょう。

 **まずは読んでみよう**

フォーラムには、いろいろな人がすでに質問を書き込んでいます。自分と同じ状況が書き込まれたメッセージがある可能性もあるので、まずはフォーラムの内容を一通り確認したり、検索機能を使ってキーワードで投稿を検索したりするといいでしょう。

 **StudioXの話題だけを表示するには**

手順4の画面で[all tags]をクリックして[STUDIOX]を選択すると、StudioXに関する投稿のみを表示できます。

## Point

### 心強い味方がたくさんいる

フォーラムは、すでにUiPath製品を使い込んでいる人たちが、たくさん参加しています。このため、有用なアドバイスを受けることができます。まずは、既存の投稿のチェックから始めるといいですが、どうしても分からないことがある場合は、思い切って悩みを投稿してみましょう。その際は、状況が詳しく分かるように、なるべく詳細な情報を書き込みます。

# この章のまとめ

## 豊富なリソースを活用しよう

本書では、StudioXの使い方を一通り紹介していますが、それだけでは実際の業務を自動化するための知識やノウハウが十分とはいえません。より実践的に活用するには、Orchestratorを使った管理方法を学習したり、StudioXのさらに発展的な使い方を学習したり、不明点の解決を手伝ってくれる仲間を探したりする必要があります。この章では、こうした発展的な活用のための概要のみを紹介しました。実際にOrchestratorやUiPathアカデミー、フォーラムを活用しながら、さらなるステップアップを目指すといいでしょう。

**管理ツールやサービスが充実**

オンライン学習やフォーラムなどで使い方を学びながら、効率的に活用できる

# 付録　主なアクティビティ一覧

本書で登場したアクティビティと、それらに関連したアクティビティを簡単に解説します。

## CSV

| | |
|---|---|
| CSVに書き込み | ExcelデータやテーブルデータをCSVファイルに貼り付けて、既存のデータを置き換えます |
| CSVに追加 | Excelデータやテーブルデータを、CSVファイルの既存のデータの後に貼り付けます |
| CSVを読み込み | CSVファイルのすべてのデータをExcelにコピーしたり、後で使うために保存します |

## Excel

| | |
|---|---|
| Excelファイルを使用 | 既存のExcelファイルを開く、または新規に作成して、指定した処理を実行します |
| CSVにエクスポート | 指定した範囲のデータをCSVファイルとして書き出します |
| Excelの繰り返し（各行） | 指定した範囲のデータに対して、指定した処理を1行ずつ繰り返し実行します |
| ExcelファイルをPDFとして保存 | 指定したExcelファイルをPDFファイルとして保存します |
| Excelファイルを保存 | Excelファイルの変更内容を保存します |
| Format as Table | 指定した範囲をテーブルとして書式設定し、名前を付けます |
| VLOOKUP | Excelのワークシートまたは範囲から指定したデータを検索します |
| オートフィル | ほかのセルのデータを元に、自動的にセルにデータを入力します |
| シート/範囲/表をクリア | Excelのワークシート、範囲、テーブルのデータを消去します |
| シートを削除 | Excelファイルの指定したワークシートを削除します |
| シートを挿入 | Excelファイルに指定したワークシートを挿入します |
| シートを複製 | Excelファイルの指定したワークシートをコピーします |
| シート名を変更 | Excelファイルの指定したワークシート名を変更します |
| スプレッドシートのマクロを実行 | Excelファイル内に記述されているマクロを実行します |
| セルに書き込み | セルに値や数式を入力します |
| セルの値を読み込み | 指定したセルの値を読み込みます |
| セルの数式を読み込み | 指定したセルの数式を読み込みます |
| セルを書式設定 | 指定した範囲のセルに書式を設定します |
| ピボットテーブルのデータソースを変更 | ピボットテーブルで参照する元データ（ソース）の範囲を変更します |
| ピボットテーブルを作成 | データ分析などのために指定した範囲のデータを元にピボットテーブルを作成します |
| ピボットテーブルを更新 | ピボットテーブルのデータを更新します |
| フィルター | 指定したルールに基づいて範囲のデータを絞り込みます。また既存のフィルターを解除します |
| 列を削除 | Excelデータから指定した列を削除します |
| 列を挿入 | Excelデータの指定した位置に新しい列を挿入します |
| 区切り位置 | カンマやセミコロンで区切って入力された複数要素からなるテキストデータを別の列に分割します |
| 名前を付けてExcelファイルを保存 | Excelファイルを別の名前で保存します |
| 最初/最後のデータ行を検索 | 指定したワークシートに記録されている最初、または最後の行番号を検索します |
| 範囲に書き込み | 表データを、ワークシートなど指定した範囲に書き込みます |
| 範囲をコピー | ワークシートや指定した範囲の表データをコピーして、別の場所に貼り付けます |
| 範囲をフィル | 指定した範囲のすべてのセルに値を入力します |

次のページに続く

| 範囲を並べ替え | 表データ全体を指定した列のルールに従って並べ替えます |
|---|---|
| 範囲を追加 | 指定した範囲のデータを別の範囲や指定したワークシートの既存のデータの後に貼り付けます |
| 繰り返し（Excelの各シート） | Excelファイルのワークシートごとに、指定した処理を繰り返し実行します |
| 行を削除 | 指定した行を削除します |
| 行を挿入 | 指定した範囲に新しい行を挿入します |

## Word

| Wordファイルを使用 | 既存のWordファイルを開く、または新規に作成して、指定した処理を実行します |
|---|---|
| テキストを読み込み | Wordファイルからすべてのテキストデータを読み込みます |
| テキストを追加 | Wordの現在のキャレット位置（カーソル位置）に指定したテキストを追加します |
| ドキュメントにデータテーブルを挿入 | 指定した位置にデータテーブル（表データ）を挿入します |
| ブックマークのコンテンツを設定 | Wordで指定したブックマークに指定したテキストを設定します |
| 名前をつけて文書を保存 | Word文書を別の名前で保存します |
| 文書をPDFとして保存 | Word文書をPDFファイルとして保存します |
| 文書内のテキストを置換 | Word文書内から指定したテキストを検索し、指定した別のテキストに置き換えます |
| 画像を置換 | Word文書内の画像を代替テキストで検索し、別の画像に差し換えます |
| 画像を追加 | Word文書の最終位置に指定した画像を追加します |

## アプリ/Web

| アプリケーション/ブラウザーを使用 | デスクトップアプリまたはWebページを開いて、指定した処理を実行します |
|---|---|
| URLに移動 | Webブラウザーで指定したURLのWebページを開きます |
| アクティブウィンドウを取得 | デスクトップでアクティブになっているウィンドウを取得し、指定した処理を実行します |
| アプリのステートを確認 | 画面上に指定したUI要素（画像やテキスト）が存在するかどうかを検証し、出現した場合と出現しない場合で処理を分岐させます |
| ウィンドウを復元 | 指定したウィンドウのサイズや位置を元に戻します |
| ウィンドウを最大化 | 指定したウィンドウを最大化します |
| ウィンドウを最小化 | 指定したウィンドウを最小化します |
| ウィンドウを移動 | 指定したウィンドウの位置とサイズを変更します |
| ウィンドウを隠す | 指定したウィンドウを隠し、表示されないようにします |
| キーボードショートカット | 複数のキーで構成されたキーボードショートカットをアプリに入力します |
| クリック | 画面上の指定したUI要素をクリックします |
| スクリーンショットを作成 | 処理中に表示された画面をスクリーンショットとして保存します |
| チェック/チェック解除 | 画面上のチェックボックスのオン／オフを切り替えます |
| テキストを取得 | 画面に表示されているテキストを取得します |
| ハイライト | 画面上の指定したUI要素をハイライト表示します |
| ブラウザー内を移動 | 前に戻る、次に進む、閉じる、更新、ホームなどの基本操作を実行します |
| ホバー | 画面上の指定したUI要素で指定した時間だけ、マウスをホバーします |
| 属性を取得 | 画面上の指定したUI要素の属性（aanameやurlなど）の値を取得します |
| 文字を入力 | 画面上の指定した場所に文字を入力します |
| 表データを抽出 | アプリやWebページに表示されている表形式のデータを取得します |
| 項目を選択 | 画面上のリストボックスやコンボボックスで指定した値を選択します |

## ファイル

| テキストをファイルから読み込み | 指定したファイルからすべてのテキスト（文字）を読み込みます |
| テキストをファイルに書き込み | 指定したテキストをファイルに上書きで書き込みます |
| ファイルの存在を確認 | 指定したファイルが存在するかどうかを確認します |
| ファイルをコピー | 指定したファイルを別の名前のファイルや別の場所にコピーします |
| ファイルを作成 | 指定した場所に新しくファイルを作成します |
| ファイルを削除 | 指定した場所にあるファイルを削除します |
| ファイルを圧縮/zip圧縮 | 指定したファイルやフォルダーをZIP形式で圧縮します |
| ファイルを展開/解凍 | ZIP形式の圧縮ファイルを展開します |
| ファイルを移動 | 指定したファイルを別の場所に移動します |
| ファイル情報を取得 | 指定したファイルのプロパティ（名前やパス、更新日など）を取得します |
| フォルダーの存在を確認 | 指定したフォルダーが存在するかどうかを確認します |
| フォルダーをコピー | 指定したフォルダーを別の場所にコピーします |
| フォルダーを作成 | 指定した場所に新しくフォルダーを作成します |
| フォルダーを削除 | 指定したフォルダーを削除します |
| フォルダーを移動 | 指定したフォルダーを別の場所に移動します |
| フォルダー情報を取得 | 指定したフォルダーのプロパティ（名前、パス、最終更新日）を取得します |
| 文字列を追加書き込み | 指定したテキストを既存のファイルの最後に追加します |
| 繰り返し（フォルダー内の各ファイル） | 指定したフォルダー内のすべてのファイルに対して、指定した処理を繰り返し実行します |

## プレゼンテーション

| PowerPointプレゼンテーションを使用 | 既存のPowerPointファイルを開く、または新規に作成して、指定した処理を実行します |
| スライドにデータテーブルを追加 | スライドにデータテーブルを挿入したり、置換したりします |
| スライドにテキストを追加 | 指定したスライドからプレースホルダーとして指定したテキストを検索し、指定した別のテキストに置き換えます |
| スライドにファイルを追加 | 指定したスライドのプレースホルダーをファイル（アイコンとして貼り付け）に置き換えます |
| スライドに画像/ビデオを追加 | 指定したスライドのプレースホルダーを画像やビデオに置き換えます |
| スライドをコピー /貼り付け | 指定したスライドをコピーして別の位置に貼り付けます |
| スライドを削除 | 指定したスライドを削除します |
| プレゼンテーションのマクロを実行 | スライドに保存されているマクロを実行します |
| プレゼンテーションをPDFとして保存 | スライドをPDFファイルとして保存します |
| プレゼンテーション内のテキストを置換 | スライドから指定したテキストを検索し、指定した別のテキストに置き換えます |
| 名前をつけてPowerPointファイルを保存 | スライドを新しい名前のファイルとして保存します |
| 新しいスライドを追加 | スライドマスターやレイアウトを指定して、指定した位置に新しいスライドを追加します |

次のページに続く

## ■ メール

| | |
|---|---|
| Use Desktop Outlook App | パソコン上のOutlookアプリのアカウントを指定して、指定した処理を実行します |
| Use Gmail | Gmailのアカウントを指定して、指定した処理を実行します |
| Use Outlook 365 | Microsoft Exchange Onlineのアカウントを指定して、指定した処理を実行します |
| カレンダー /予定表の招待を送信 | 会議などの予定の招待を、指定した出席者に送信します |
| メールに返信 | 受信したメールに対して、本文や添付ファイルなどを指定して返信を送ります |
| メールの添付ファイルを保存 | 受信メールに添付されているファイルを、指定したフォルダーに保存します |
| メールをアーカイブ | 指定したメールをアーカイブします |
| メールを保存 | 指定したメールを「.msg (Outlookの場合)」や「.eml (Gmailの場合)」ファイルとして保存します |
| メールを削除 | 指定したメールを削除します |
| メールを既読/未読にする | 指定したメールを既読にしたり、既読になっているメールを未読にしたりします |
| メールを移動 | メールを指定したメールフォルダーへと移動します |
| メールを転送 | 受信したメールを指定した宛先に転送します |
| メールを送信 | 宛先や件名、本文、添付ファイルなどを指定して、新しいメールを送信します |
| 繰り返し（各メール） | 指定したメールフォルダーにある複数のメールに対して、メールごとに1回ずつ繰り返し処理を実行します |

## ■ 共通

| | |
|---|---|
| 1行を書き込み | [出力] パネルに指定した文字列を書き込みます |
| Orchestratorのアセットを取得 | Orchestratorのアセットに登録されている情報を取得します |
| グループ | 複数のアクティビティをまとめてグループ化します |
| スイッチ | 指定した条件に応じて、あらかじめ定義しておいた複数のケースから1つを選択して処理を分岐させます |
| ダウンロードを待機 | 任意のアプリケーションでファイルのダウンロードが完了するまで待機し、ダウンロードが完了すると次の処理に進みます |
| テキストを変更 | テキストデータを変換します。[検索して置換] [テキストを結合] [トリミング] [テキストを大文字/小文字にする] のいずれかの方法を利用できます |
| メッセージボックス | 画面にテキストボックスを表示します。[OK] や [Yes/No] などのボタンも表示できます |
| ユーザー名/パスワードを取得 | アプリやWebサイトに入力するためのアカウント情報を安全に保存したり、読み込んで後で使えるようにしたりします |
| 入力ダイアログ | 処理の途中で人間が情報を入力できるようにするためのダイアログボックスを表示します |
| 左側/右側のテキスト | 指定したテキストの中から、区切り記号として指定した文字（日付の「/」など）の左右にあるテキストをそれぞれ取り出します |
| 待機 | 指定した秒数の間、処理を一時停止します |
| 後のために保存 | 文字列や数値などの指定した情報を後で使うために保存します |
| 指定回数を繰り返し | 内部に記述した別のアクティビティを指定した回数繰り返し実行します |
| 条件分岐 | 指定した条件式を満たす場合と満たさない場合で処理を分岐させます |
| 現在の箇所をスキップ | [繰り返し（Excelの各行や各メール）] で、現在の要素の処理をスキップして、次の要素に進みます |
| 繰り返しを終了 | [繰り返し（Excelの各行や各メール）] を途中で終了し、直後のアクティビティから処理を続行します |

# 用語集

## API（エーピーアイ）
Application Programming Interfaceの略。プログラムやサービスとして提供されている機能を外部から利用可能にするための仕組み。

## Assistant（アシスタント）
実行可能なプロセスを管理するためのデスクトップアプリケーション。利用可能なプロセスを参照したり、ジョブを手動で実行したりできる。Attendedロボットを使った人間との協働環境で活用される。
→Attendedロボット、ジョブ、プロセス

## Attendedロボット（アテンティッドロボット）
UiPathが提供するRPA用機能の1つ。あらかじめ設定された命令を実行する役割を担う。普段、人間が使っているパソコン上で動作し、人間の操作によって必要なときに実行するなど、人間との協働で作業するロボットのこと。
→RPA、UiPath、ロボット

## Automation Cloud（オートメーションクラウド）
クラウド上で提供されるUiPathのRPAソリューションのこと。開発ツールやロボットのライセンスを管理したり、ユーザーやロボット、ジョブなどを管理できるOrchestratorのサービスをクラウド上で利用できる。
→Orchestrator、RPA、UiPath、ジョブ、ロボット

## Chrome（クローム）
Googleが開発したWebブラウザー。インターネット上のWebページを表示できる。

## Chromium（クロミウム）
オープンソースのWebブラウザープロジェクト。Googleが開発したChromeやマイクロソフトが開発している最新版のEdgeのベースとして採用されている。
→Chrome、Edge

## Community Cloud（コミュニティクラウド）
個人のRPA開発者や小規模事業者向けに無料で提供されるUiPathのクラウド版プラットフォーム。開発ツールのStudio、StudioXや管理ツールのOrchestratorなどを利用できる。
→Orchestrator、RPA、Studio、StudioX

## Community Edition/Community版（コミュニティエディション／コミュニティ版）
UiPath製品のライセンス形態の1つ。個人ユーザーや使用許諾契約で定められている一定規模以下の法人であれば、一定数のライセンスを無料で利用できる。
→UiPath

## CSV（シーエスブイ）
Comma Separated Valuesの略で、「,（カンマ）」記号によって複数の値を区切って保管する形式のこと。

## Edge（エッジ）
マイクロソフトが開発したWebブラウザーの名称。Windows 10に標準で搭載されているWebブラウザーで、Windows 10の初期から搭載されてきた旧Edge（EdgeHTML版）と2020年以降に利用可能になった新Edge（Chromium版）の2種類が存在する。
→Chromium

## Enterprise Cloud（エンタープライズクラウド）
一般法人向けに提供されるUiPathのクラウド版プラットフォーム。開発ツールのStudio、StudioXや管理ツールのOrchestratorなどを利用できる。無料で60日間の評価利用できるが、それ以降は有料のライセンスが必要。
→Orchestrator、Studio、StudioX、UiPath

## Enterprise Edition/Enterprise版（エンタープライズエディション／エンタープライズ版）
UiPath製品のライセンス形態の1つ。サポートを受けられる一般法人向けの有償ライセンス。
→UiPath

## Excel（エクセル）
マイクロソフトが開発した表計算ソフト。データの集計や分析などに利用できる。

## Firefox（ファイヤーフォックス）
Mozilla Foundationによって開発されたオープンソースのWebブラウザー。

## Gmail（ジーメール）
Googleが提供しているメールサービス。クラウド上でメールを管理し、Webブラウザーでアクセスする。

## Google Developer Console（グーグルデベロッパーコンソール）
Googleが提供している開発者向け機能の1つ。GmailやYouTubeなどGoogleが提供するサービスのAPIを管理し、外部からサービスを利用可能にするための設定などができる。
→API、Gmail

## HTML（エイチティーエムエル）
HyperText Markup Languageの略。Webページで利用されているハイパーテキストを記述するための言語。

## Internet Explorer
（インターネットエクスプローラー）
マイクロソフトが開発したWebブラウザー。Windowsの標準ブラウザーとして長年利用されてきたが、現在では標準ブラウザーとしては設定されていない。ただし、対応しているWebページが多く、RPAによるWebページの操作では活躍シーンが多い。
→RPA

## ISBN（アイエスビーエヌ）
International Standard Book Numberの略。書籍などの識別用に使われるコード番号。

## Main.xaml（メインドットザムル）
StudioXやStudioで作成した主要なタスクが保存されるファイル。このファイルをダブルクリックすると、StudioXで内容を編集できる。
→Studio、StudioX、タスク

## Orchestrator（オーケストレーター）
ロボットを統合的に管理できるアプリケーション。ロボットが参照するリソースを管理したり、動作状況を監視したり、ロボットを実行環境に展開したりできる。OrchestratorなしでもStudioXは使用できるが、あると自動化プロセスの一斉展開や共有、ライセンス管理といった便利な機能を使用できる。クラウド版とオンプレミス版がある。
→リソース、ロボット

## PowerPoint（パワーポイント）
マイクロソフトが開発したプレゼンテーションソフト。図形などを使ったスライドを簡単に作成できるうえ、プレゼンテーションなどで作成したスライドを多彩なアニメーション効果を使って再生できる。

## Project_Notebook.xlsx
（プロジェクトノートブックドットエックスエルエスエックス）
StudioXから利用可能な組み込みExcelファイル。StudioXでプロジェクトを作成すると自動的に生成される。日付やファイル名の変換などを実行できる。
→Excel、StudioX、プロジェクト

## project.json（プロジェクトドットジェイソン）
StudioXまたはStudioで作成したプロジェクトを構成するファイルの1つ。保存したプロジェクトをStudioXまたはStuioから開くときに指定する。
→Studio、StudioX、プロジェクト

## RPA（アールピーエー）
Robotic Process Automationの略。コンピューター上のさまざまな処理について、ロボットを使って自動化する技術やその概念を広く指す言葉。
→ロボット

## Studio（スタジオ）
ロボットに実行させるための自動化処理を作成する統合開発環境。開発者向けの高度な機能が搭載されている製品。
→ロボット

## StudioX（スタジオエックス）
ロボットに実行させるための自動化処理を簡単に作成できる現場向けの開発ツール。誰でも使える簡単な操作性を備え、変数などの難しい概念が分からなくても利用できる。
→ロボット

## UiPath（ユーアイパス）
RPA製品を開発するテクノロジー企業。世界中で多くの導入実績を誇るRPAのリーディングカンパニー。
→RPA

## UiPath Cloud Platform
（ユーアイパスクラウドプラットフォーム）
UiPathのRPA製品をクラウド上で利用できるソリューションの総称。
→RPA、UiPath

## UiPath アカデミー（ユーアイパスアカデミー）
RPAの概念やStudioX/Studioを使った自動化、Orchestratorによる管理などを学ぶことができるオンライントレーニングサービス。
→Orchestrator、RPA、Studio、StudioX

## UiPathマーケットプレース
（ユーアイパスマーケットプレース）
世界中のRPA開発者やUiPathのデベロッパーとつながることができるコミュニティサービス。UiPathアカデミーによるトレーニングや質問が可能なフォーラム、投稿されたコンポーネントのダウンロードなど、さまざまなサービスが提供される。
→RPA、UiPath、UiPathアカデミー

## Unattendedロボット
（アンアテンディットロボット）
UiPathが提供するRPA用機能の1つ。あらかじめ設定されて命令を実行する役割を担う。仮想環境などで利用され、基本的に無人で処理を実行する。
→RPA、UiPath

## アクション
StudioXで利用可能なアクティビティの分類方法の1つ。アプリやサービスに対して実行する具体的な処理が定義されたアクティビティのこと。
→StudioX、アクティビティ

## アクティビティ
自動化処理を記述するためのStudio Xのプログラミング部品のこと。[Excelファイルを使用]や[シートを挿入]など、操作対象のアプリや実行する動作が定義されている。アクティビティを実行したい順番に並べたり、操作対象を設定したりして、自動化処理を作成する。
→Excel、StudioX

## [アクティビティ]パネル
StudioXの画面構成要素の1つ。利用可能なアクティビティが一覧表示されている。
→StudioX

## アセット
自動化処理で利用するデータをOrchestratorに保存し、必要に応じてネットワーク経由で取得して利用できるようにする機能。ブラウザーで開くURLや資格情報などを保存できる。

## アドイン
アプリの機能を拡張するための追加プログラムのこと。ExcelなどのOfficeアプリで使われる。StudioXでの操作対象の値を直接Excel画面上で指定したいときは、ExcelにStudioXのアドインをインストールする必要がある。

## アンカー
操作対象として、画面上のボタンなどの要素を指定する際に、目印として利用する関連性の高い別の要素のこと。操作したいボタンなどの要素を確実に特定できるようにするために利用される。

## [エラーリスト]パネル
StudioXの画面構成要素の1つ。実行したプロジェクトでエラーが発生した場合に、その詳細が表示される。
→StudioX、プロジェクト

## 拡張機能
アプリの機能を拡張するための追加プログラムのこと。Webブラウザーなどで使われる。StudioXからChromeやFirefoxなどを操作したいときは、操作対象のWebブラウザーに拡張機能のインストールが必要。
→Chrome、Firefox、StudioX

## キュー
大量データの自動化処理などに使われるOrchestratorの機能。請求書や顧客情報など、複数のロボットで分散して処理したい大量の情報を登録できる。
→Orchestrator、ロボット

## 区切り文字
文字列の中に存在する要素を特定できるようにするために挿入された記号のこと。「,（カンマ）」などが使われる。

## クッキー
Webブラウザーの状態を管理するために使われる仕組みのこと。ユーザーの識別やセッションの管理などをするためのデータをWebブラウザーで一時的に保存し、Webサーバーから参照できるようにする。

## クラシックフォルダー
Orchestratorでユーザーやロボットを管理するための仕組みの1つ。古いバージョンのOrchestratorから使われてきた伝統的な方式。ユーザーやロボットを手動で割り当てる必要がある。
→Orchestrator、ロボット

## [出力]パネル
実行された処理の各種情報（エラー、警告、実行結果など）が表示されるStudioX上の画面要素。[1行を書き込み]で指定した情報も表示される。
→StudioX

## ジョブ
Orchestrator上で管理されるプロセスの実行単位のこと。どのプロセスをどのロボットで実行するかなどを指定したり、その実行結果を管理する。
→Orchestrator、プロセス、ロボット

## スクレイピング
WebページやPDFファイルなど、指定したUI要素を読み取り、そこからテキストデータを抽出する機能のこと。

## 代替テキスト
画像などの要素に関連付けられているテキスト情報のこと。StudioXからPowerPointの図形や画像などを操作対象としたいときに利用する。
→PowerPoint、StudioX

## タスク
StudioXで作成する処理のこと。複数のアクティビティが並べられた一連の処理を指す。
→StudioX、アクティビティ

### 抽出ウィザード

Webページから表データなどを抽出したいときに利用するStudioXの機能。画面上の取得したい要素をウィザードに従って選択するだけで簡単に取得できる。
→StudioX

### データマネージャー

StudioXの画面構成要素の1つ。画面右側に表示されるウィンドウで、プロジェクトで利用されているアクティビティやデータなどが整理されて表示される。
→StudioX、アクティビティ、プロジェクト

### テーブル

Excelの機能の1つ。表の範囲に名前を付けたり、構造化して計算などが容易にできるようにしたりする機能。

### ［デザイナー］パネル

UiPath Studioを構成する画面要素の1つ。アクティビティを並べて全体の処理の流れをデザインする。
→アクティビティ

### テナント

Automation Cloudで管理可能なOrchestratorの管理単位。組織や用途に併せて複数のOrchestratorサービスを実行したいときは、テナントごとに分けて管理できる。
→Automation Cloud、Orchestrator

### テンプレート

ひな形として利用できるデータのこと。環境に合わせて変更したり、最小限の設定をするだけで、完成品として利用できる。

### トリガー

実行時間や実行間隔を指定して、自動的にジョブを実行できるOrchestratorの機能のこと。
→Orchestrator、ジョブ

### パブリッシュ

作成したプロジェクトを実行可能なひとまとまりのプログラムとして登録すること。環境に応じて、ローカルとOrchestratorのいずれかに登録できる。作成したプロジェクトをUiPath AssistantやOrchestratorから実行するにはパブリッシュが必要。
→Orchestrator、UiPath Assistant、プロジェクト

### フィルター

情報を一定の条件によって選別する機能。Excelの表データを特定の列の値によって絞り込んだり、StudioXで処理したいメールを一定条件で絞り込んだりしたいときに利用する。
→Excel、StudioX

### フォーラム

UiPathの開発者などが参加するコミュニティサービス。掲示版形式に質問や意見などを投稿したり、ほかの人の投稿を参照したりできる。
→UiPath

### プレイスホルダー

後から入力される値の代わりに仮で使用される目印のこと。

### プロジェクト

StudioXで作成したタスクや実行に必要な各種ファイルをひとまとめにしたもの。
→StudioX、タスク

### プロセス

パブリッシュすることによって、UiPath AssistantやOrchestratorに登録された実行可能なプロジェクトのこと。
→Orchestrator、UiPath Assistant、パブリッシュ、
　プロジェクト

### ［プロパティ］パネル

StudioXの画面構成要素の1つ。アクティビティの動作に影響を与える各種パラメーターを設定できる。
→StudioX、アクティビティ

### モダンフォルダー

Orchestratorでユーザーやロボットを管理するための仕組みの1つ。ロボットを動的に割り当てられるなど、管理が簡単なのが特徴。
→Orchestrator、ロボット

### リソース

StudioXで利用可能なアクティビティの分類方法の1つ。［Excelファイルを開く］など、主に操作対象のアプリを指定する際に利用する。
→Excel、StudioX、アクティビティ

### ロボット

UiPath Studioで作成したワークフローに従って、コンピューター上でプロセス（実際の自動化処理）を実行するソフトウェアのこと。環境に合わせて、人と協働で作業するAttendedロボットとロボットだけで動作するUnattendedロボットの2種類を使い分ける。
→Attendedロボット、UiPath Studio、
　Unattendedロボット、プロセス

# 索引

索
引

# 本書を読み終えた方へ
# できる®シリーズのご案内

## Office 関連書籍

### できるWord 2019
Office 2019/Office 365両対応

田中亘＆
できるシリーズ編集部
定価：本体1,180円＋税

文字を中心とした文書はもちろん、表や写真を使った文書の作り方も丁寧に解説。はがき印刷にも対応しています。翻訳機能など最新機能も解説！

### できるExcel 2019
Office 2019/Office 365両対応

小舘由典＆
できるシリーズ編集部
定価：本体1,180円＋税

Excelの基本を丁寧に解説。よく使う数式や関数はもちろん、グラフやテーブルなども解説。知っておきたい一通りの使い方が効率よく分かる。

### できるWord&Excel 2019
Office 2019/Office 365両対応

田中亘・小舘由典＆
できるシリーズ編集部
定価：本体1,980円＋税

「文書作成」と「表計算」の基本を1冊に集約！ Excelで作った表をWordで作った文書に貼り付けるなど、2つのアプリを連携して使う方法も解説。

### できるPowerPoint 2019
Office 2019/Office 365両対応

井上香緒里＆
できるシリーズ編集部
定価：本体1,180円＋税

見やすい資料の作り方と伝わるプレゼンの手法が身に付く、PowerPoint入門書の決定版！ PowerPoint 2019の最新機能も詳説。

### できるOutlook 2019
Office 2019/Office365両対応

ビジネスに役立つ情報共有の基本が身に付く本

山田祥平＆
できるシリーズ編集部
定価：本体1,480円＋税

メールのやりとり予定表の作成、タスク管理など、Outlookの使いこなしを余すことなく解説。明日の仕事に役立つテクニックがすぐ身に付く。

### できるAccess 2019
Office 2019/Office 365両対応

広野忠敏＆
できるシリーズ編集部
定価：本体1,980円＋税

データベースの構築・管理に役立つ「テーブル」「クエリ」「フォーム」「レポート」が自由自在！ 軽減税率に対応したデータベースが作れる。

## テレワーク関連書籍

### できるテレワーク入門
在宅勤務の基本が身に付く本

法林岳之・清水理史＆
できるシリーズ編集部
定価：本体1,580円＋税

チャットやビデオ会議、クラウドストレージの活用や共同編集などの基礎知識が満載！ テレワークをすぐにスタートできる。

### できるZoom
ビデオ会議が使いこなせる本

法林岳之・清水理史＆
できるシリーズ編集部
定価：本体1,580円＋税

事前設定やビデオ会議の始め方、ホワイトボードの活用など、Zoomを仕事に生かすための知識を幅広く解説。初めてでもビデオ会議を実践できる！

# 読者アンケートにご協力ください！

## https://book.impress.co.jp/books/1120101071

このたびは「できるシリーズ」をご購入いただき、ありがとうございます。

本書はWebサイトにおいて皆さまのご意見・ご感想を承っております。

気になったことやお気に召さなかった点、役に立った点など、

皆さまからのご意見・ご感想をお聞かせいただき、

今後の商品企画・制作に生かしていきたいと考えています。

お手数ですが以下の方法で読者アンケートにご回答ください。

ご協力いただいた方には抽選で毎月プレゼントをお送りします！

※プレゼントの内容については、「CLUB Impress」のWebサイト
（https://book.impress.co.jp/）をご確認ください。

ご意見・ご感想を
お聞かせください！

1 URLを入力して Enter キーを押す

2 [アンケートに答える] をクリック

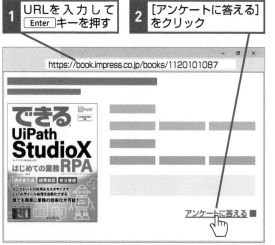

https://book.impress.co.jp/books/1120101087

できる
UiPath
StudioX
はじめての業務 RPA

アンケートに答える

※Webサイトのデザインやレイアウトは変更になる場合があります。

◆会員登録がお済みの方
会員IDと会員パスワードを入力して、[ログインする]をクリックする

◆会員登録をされていない方
[こちら]をクリックして会員規約に同意してからメールアドレスや希望のパスワードを入力し、登録確認メールのURLをクリックする

---

**本書のご感想をぜひお寄せください** https://book.impress.co.jp/books/1120101071

「アンケートに答える」をクリックしてアンケートにご協力ください。アンケート回答者の中から、抽選で商品券（1万円分）や図書カード（1,000円分）などを毎月プレゼント。当選は賞品の発送をもって代えさせていただきます。はじめての方は、「CLUB Impress」へご登録（無料）いただく必要があります。

読者登録サービス CLUB impress 登録カンタン 費用も無料！

アンケートやレビューでプレゼントが当たる！

■監修
大森俊秀（おおもり　としひで）

UiPath株式会社 セールス＆マーケティング統括本部 ソリューション本部 エバンジェリスト

■著者
清水理史（しみず　まさし）shimizu@shimiz.org

1971年東京都出身のフリーライター。雑誌やWeb媒体を中心にOSやネットワーク、ブロードバンド関連の記事を数多く執筆。「INTERNET Watch」にて「イニシャルB」を連載中。主な著書に『できるWindows 10 2021年 改訂6版』『できる 超快適Windows 10 パソコン作業がグングンはかどる本』『できるパソコンのお引っ越し Windows 7からWindows 10に乗り換えるために読む本 令和改訂版』『できるテレワーク入門 在宅勤務の基本が身に付く本』『できるZoom ビデオ会議が使いこなせる本』『できるfit ドコモのiPhone 12/mini/Pro/Pro Max 基本＋活用ワザ』『できるゼロからはじめるAndroidスマートフォン超入門活用ガイドブック』『できるゼロからはじめるAndroidスマートフォン超入門 改訂3版』などがある。

制作協力　　　　　UiPath株式会社

**STAFF**

本文オリジナルデザイン　　川戸明子
シリーズロゴデザイン　　　山岡デザイン事務所＜yamaoka@mail.yama.co.jp＞
カバーデザイン　　　　　　伊藤忠インタラクティブ株式会社
カバーモデル写真　　　　　PIXTA
DTP制作　　　　　　　　株式会社トップスタジオ

デザイン制作室　　　　　　今津幸弘＜imazu@impress.co.jp＞
　　　　　　　　　　　　　鈴木　薫＜suzu-kao@impress.co.jp＞

編集　　　　　　田本康平＜tamoto@impress.co.jp＞
編集長　　　　　大塚雷太＜raita@impress.co.jp＞

オリジナルコンセプト　　　山下憲治

■商品に関する問い合わせ先
インプレスブックスのお問い合わせフォーム
https://book.impress.co.jp/info/
上記フォームがご利用いただけない場合のメールでの問い合わせ先
info@impress.co.jp

■落丁・乱丁本などの問い合わせ先
FAX　03-6837-5023
service@impress.co.jp
●古書店で購入されたものについてはお取り替えできません。

# できるUiPath StudioX はじめての業務RPA

2021年2月11日　初版発行
2024年9月11日　第1版第2刷発行

著　者　清水理史 & できるシリーズ編集部
監　修　UiPath株式会社
発行人　小川 亨
編集人　清水栄二
発行所　株式会社インプレス
　　　　〒101-0051　東京都千代田区神田神保町一丁目105番地
　　　　ホームページ　https://book.impress.co.jp/

印刷所　株式会社ウイル・コーポレーション
ISBN978-4-295-01069-2　C0034

Printed in Japan